ちくま学芸文庫

論理と哲学の世界

吉田夏彦

筑摩書房

目次

論理と哲学の世界

まえがき

この本は、哲学への入門書になることを一つの目的として書かれたものであるが、類書と多少おもむきを異にしている点があるので、このまえがきで、そのことを説明しておきたいと思う。

一

哲学者が、哲学についてはしろうとの人からよく受ける質問は、

「御専門はいつですか、どこですか、だれですか」

といったたぐいのものである。つまり、何時代のどの国のどの哲学者の思想を研究しているのか、という質問である。

そこで、

「古代ギリシャのプラトンをやっています」

「近世のフランスのデカルトが専門です」

「十九世紀のドイツのマルクスに興味を持っています」

などという答をすると、質問した人は一応安心してつぎの話にうつれるような顔をする。


これは、哲学がもともとヨーロッパから輸入された学問であること、したがって、昔は原産地のヨーロッパの哲学者をだれか一人えらび、その思想の祖述につとめるのが、日本の哲学者の任務だと思われた時期もあること、を思えば、よく理解できることである。

輸入時代が一応終ったといってもいい現在でも、ヨーロッパやアメリカの学界の事情に精通し、その最新の状況をつたえることに興味を持っている哲学者がかなりいるし、その人達の仕事は他の哲学者にとっても、また一般に西洋の文化に興味を持っている人達にも大変、有益なものになることがないではない。また、昔の哲学者達の思想の理解につとめることが、哲学的な思索一般をきたえるのに役立つことがあるのは、経験的に知られていることであるから、現在でも、哲学の入門書の中には、哲学史の体裁をとるものがかなり多い。さらに、一人、あるいは数人の哲学者の思想を微に入り、細をうがってしらべることを通じて自分自身の哲学を展開させる、という方法をとっている哲学者は、日本にかぎらず、方々の国に、特に哲学の原産地であるヨーロッパにも、大勢いる。こういうことを考えあわせると、さきほどの質問が適切なものである場合が多いことは、ますます明かになるであろう。

しかし、哲学者の中には、歴史的なこととか、外国事情の紹介、乃至はそれへの追随にそれほど興味は持っていないものもいるのである。そういう哲学者は、このような質問にあうと、やや、当惑して、

「いつとか、どことか、だれとかいうことではなく、これこれ、しかじかの問題を研究しているのです」

と答えようとするのであるが、その、「これこれ、しかじかの問題」のところに何を持ってくるかによっては、相手と自分の当惑を、ますます、深めてしまうことになる。まず、やや専門的ないい方をすれば、しろうとにはよくわからないのは当然であるが、これは、哲学にかぎらず、どの学問でも同じことであろう。しかし、たとえば物理学者が、「天文学に近いことをやっているんですよ」とか、「素粒子論が専門です」などといったとすれば、あるいは、経済学者が、「社会主義国の経済成長をしらべています」などといえば、質問した人は、くわしいことはわからないまでも、何となく、見当のついた答をもらった気になるのではなかろうか。

ところが、実際に、時々起ることであるが、哲学者の中には、

「眼の前のコップに水が入っているのがみえますね。しかし、果してほんとうにそういえるかどうか、それを考えるのが私の仕事です」

などと答える人がいる。これは正直な答だし、哲学の文脈の中で非常に重大な意味を持つ問題のことをわかりやすくいおうとしてでてきた答だということは、哲学者仲間にはわかるのであるが、答をもらった人によっては、よく馬鹿にされたような気になってしまうことがあるようである。つまり、「なるほど、みただけでは水とは断定できないかも知れない。ジンかも知れない。しかし、それなら、何もくよくよ考えていないで、飲んでみればすぐにわかることじゃないか。また、ちょっと飲んだだけでは何だとも断定できないとか、有毒な液体かも知れないとかいうのなら、化学者に分析してもらえばいいじゃないか」などと感じた場合には、その哲学者が、いかにもくだらないことを仕事にしているように思われるからである。

こういう答を好意的に解釈する方法の一つは、その哲学者が、宗教的な真理のことを考えているのではないかと想像してみることであろう。宗教では、日常のことばによる表現に、ふつうでは思いもよらないような奇抜な意味をみつけようとすることがあり、しかもその意味は、人間の気ままになるものではなく、超越的なものによって与えられているので、それを読み取るには、ながねんにわたる修行が必要だとされることが多いからである。

哲学者の中には、宗教に深い関心をよせている人もいるが、「コップの中の水」の問題を考えている哲学者が、必ずしも宗教的なことに日夜思いをひそめているわけではない。そういう哲学者の場合、折角の好意的な解釈も、見当はずれである。そこで、誤解をとこうとしていろいってみても、いえばいうほど、「何だか、つまらないことを遠まわりして考えるだけのことを、えらそうに仕事だといっているんじゃないか」という印象を相手に与えてしまうことになりがちである。そういう苦い経験を何度かなめた哲学者の中には、

「実際、哲学なんて、客観的にいえば、とるにたらないことを、くよくよ考えている、つまらない学問かも知れません。だから、哲学の問題に興味が持てない方が、健康だといえるでしょう。しかし、世の中には、不幸にも、ふつうの人にはどうでもいいことが気になってしかたがなくなる病気の人がいます。しかも、その気になることを理づめに考えぬいて行かないと気がすまない。宗教の力によって解決してもらったのではほんとうの解決にならないと感じるのが、この病気の特徴です。この病気にかかって、それをなおそうと一生懸命になっている人が哲学者なのです」

などという人もいる。

こういういい方も、哲学の事情に多少通じた人には、きわめてもっともないい方と思われるのだけれど、哲学にあまりなじみのない人に対しては、やはり、多少、つきはなされた感じをあたえてしまう筈ではあるまいか。

さきほどもいったように、宗教のことをひきあいに出す答なら、何となくわかったように感ずる人がかなりいる。また、宗教は、「いかに生きるべきか」あるいはむしろ、「どう

したら大往生がとげられるか」を問題にするものだといえる面を持っているが、こういう問題なら、別に信心をしていない人の中にも、かなり関心をよせる人が多数いる。

そこで、人生論的なことから説きおこすことが、哲学に人々をさそうのには、一番いい方法ではないかと考える著者もいるようである。あるいは、少くとも、人生論的な問題の解決が、哲学の最終的な目標だといえば、哲学の意味がある程度わかってもらえるのではないかと考える著者もいるようである。

こういった事情が背景にあるためだろうが、哲学の入門書の中には、人生論のかたちをとるものも、間々、あるようである。

二

この本では、哲学の歴史にはほとんどふれない。また、人生論のことも、正面きってはとりあげてはいない。そのかわりに、論理学のごく始めの部分の紹介ということを一つの筋にしながら、話をすすめて行く。これが、多少、類書とおもむきを異にしているところとわった所以である。

しかし、このことは、必ずしも奇をてらったことにはならないと思う。まず歴史的にいって、論理学的な見地から哲学の問題を考えた哲学者、論理学の研究を通じて哲学にみちびかれていった哲学者は、何人もいた。誇張していえば、大哲学者といわれるほどの人は大部分、生涯のある時期に、あるいは生涯を通じて、論理学に関心を持っていたといえよう。たとえば古代のソフィスト、ソクラテス、プラトン、アリストテレスに、それぞれ、論理学への深い関心がみられるのは有名な話であるし、中世の哲学者は、哲学の基礎的な教養の一つとして論理学を学ぶのが通例だったとされている。近世の合理論者の代表に数えられるデカルト、スピノザ、ライプニッツにせよ、経験論者の代表とされるロック、バークリ、ヒュームにせよ、論理学的な問題を強烈な動機の一つとして哲学に入っていった人達だといえよう。ドイツ観念論の代表者達や、近世唯物論の哲学者達について、論理学的な問題にふれることを重大な仕事と考えなかった例は、むしろ拾うのに骨が折れるほどではあるまいか。

現代の哲学者の中で、だれが大哲学者なのかは、後世の決定にまつことだろうから、ここで現存の、あるいは最近物故した哲学者の名前を、さきほどあげた歴史上の人物の名前とならべてあげるのは適切なことではないかも知れない。しかし、一応現代において国際的に有名な人達を拾って行けば、やはり、論理学に関連する問題に関心をよせている例を、数多くあげることができるのである。

そうして、この歴史的な事情からも察せられるように、本来、哲学の問題の多くは、論理学の問題と、いわば同じ根から発したものなのである。また、二つの学問が分化してからのちにも、哲学は、しばしば、論理学の成果に刺戟を受けて発展してきた。現在では、論理学の最尖端での研究は、数学的な専門教養を背景にする人達の手によっておこなわれるようになってきたので、日本の学科分類でいえば、論理学の専門家は、文学部よりは理学部にいるようになってきたし、そういう専門家の中には、哲学には何の関心も示さない人もいる。しかし、哲学の多くの分野での研究は、論理学の発展を無視しては、発展できない宿命を持っているようである。

これは、哲学が、その発生からいって、論証を武器とし、また、他の学問の理論の構造の分析を通じてその問題を表現し、解決しようとしてきた学問だったことに由来するものである。あるいは、哲学は、しばしば、哲学の基礎づけそのものを問題にするという意味で、きわめて反省的な学問、つまり、哲学自体を問題にする学問、だといわれるが、その反省的な作業においても、論理性を無視することはゆるされない。この点で、同じく反省的な面を持つとされる、神秘主義的な思想や、宗教的な思想とは、区別されるのである。

このことは、あるいは、哲学という学問の短所にもなりうるかも知れない。仮にたとえば宗教的な真理というものがあるとすれば、これは、哲学のように論理にこだわるやり方ではなかなか到達できないものかも知れない。そうして、啓示とか直観とかのおかげで一挙にこの真理に達した人がもしいるとすると、そういう人の眼からみれば、哲学は、この真理をめざしてきわめてまわり遠い道を、労多く、功の少い方法で、牛のあゆみよりものろく、たどっている、あわれな学問であるのかも知れない。

しかし、その点がどうあろうと、哲学は、論理的なことにこだわることにより、普遍性を持つ学問となることが、できてきたのである。神秘的な直観はだれにでもできることではない。啓示は、だれにでも与えられるものではない。そういう直観や啓示にめぐまれた人が、いかに雄弁に話をしてくれても、あるいは雄弁よりも多くを語るといわれる沈黙によって対してくれても、大多数の人達は、「真理」の内容について、ごくぼんやりとした見当をつけることができるにすぎないし、その見当が大まかな方向でもあたっているかどうかについても自信が持てないのである。

哲学の場合、問題にだれでもが興味を持つという普遍性がないのは、前に、哲学者を一種の病人だといいたがる哲学者のいいぶんを借りていっておいたとおりであるが、実は、この意味では、どの学問にも普遍性はない。だれもが学者になるわけではない。むしろ生産に従事したり事務をとったり、政治家になったりすることの方に興味をおぼえる人の方が多い。また、学問の世界でいえば、一つの学問、たとえば生物学がすべての学者の興味を独占しているのではなく、無機的な対象の研究に専念する人もいれば、社会現象の研究に打込む人もいる。

しかし、哲学の問題に興味を持ったほどの人は、この問題の解決が、論理性を要求するものであることをすぐに知るであろう。これも、むしろほかの学問と共通している点であるが、哲学でも、論証によってテーゼの正しさを証明しようとしたり、ことなる意見を批判しようとしたりするのが、共通のルールになっている。だからこそ、哲学に興味を持つ人は、別に神秘的なことがらに精通していなくとも、特定の信心をしていなくとも、哲学研究の共同作業の中に入って行けるのである。

こういうことを考えれば、哲学の問題を論理学と関連させて論じて行くというやり方は、哲学の入門書にとっては必ずしも不自然なものではない。また、事実、外国には、このいき方をした入門書が多数ある。過去の大哲学者の著作の中にも、この体裁によったものがかなりみられるのである。

ただ、ここに、一つ、注意しておかなくてはならない事情がある。それは、ほぼ百年ほど前から、論理学の世界で大きな変化が起っているということである。そのため、昔の論理学にもとづいている、過去の大哲学者の書物は、現代的な意味での哲学への入門書としては必ずしも適しているとはいえなくなってきた。だから、今世紀の始めから今日にかけて外国で出版されている現代論理学についてねんごろな解説を読者にあたえるだけの労をとっているものも、かなりみられるのである。

しかし、日本では、論理学の研究が主として数学者の手によっておしすすめられているという事情もあってか、論理学との関連に重点をおいた哲学の入門書というものは、比較的少かったように思われる。そうして一般人向けの現代論理学の入門書は、外国のものの翻訳をふくめて、かなり刊行されるようになったが、そういう本の多くは、また、哲学的な問題には、それほどたちいってはふれていないようである。

この本は、そのへんのすきまをうずめることをめざしているので、論理学についても、ある程度の解説をこころみ、まったく予備知識がなくとも読める本であるようにした。特に、現代論理学では必要不可欠と思われている記号の使用もまったくといってよいほどさけるようにしたから、記号がきらいな人にも、気楽に読めるのではないかと思われる。

ただし、この本の主要な目的は、哲学についての話をすることである。論理学そのものについては、さきほどもいったとおり、いくつも、そのための入門書があるのだから、この本を読んだことがきっかけで論理学に興味をおぼえた人は、書店で、そのような書物を物色するとよいと思う。といっても、その際には、記号恐怖症はすてかかる必要がある。しかし、そこまで手をのばさなくとも、この本を読んだだけで、論理学とはどんなものかについて、ある程度の見当はつけることができるようにしたつもりである。

三

目次をみればわかるとおり、始めの二章では、まだ、論理学の話にふみこまない。まず、哲学ではどういうことが問題になるか、これと関連して、哲学にはどんな分野があるか、という点の紹介から話を始める。この時、存在の問題を最初にとりあげるのも、むしろ哲学の伝統に忠実なやり方のつもりであるが、すでにほかの哲学書で認識論や価値論の問題から入って行くやり方になれている読者は、多少まごつくかも知れない。

第二章では、哲学者が、その問題にとらえられる状況、いわば哲学病患者の、ものの気にし方が、別に風変りなものではなく、むしろ、日本人のものの考え方からいっても、ごくわかりやすいものであることを知ってもらうために、二つの落語をとりあげる。

その上で、第三章から第五章にかけて、記号なしでの現代論理学の解説をこころみるが、この解説の中でも、哲学の問題には、折にふれて言及している。

こうして論理学についてある程度の準備をした上で、ふたたび、哲学の問題にもどり、その議論に三章をあてて、この本は終るのである。

哲学全体への入門書であることを主要な目的の一つとしているため、体裁としては、総論的なものにやや近く、各論的なことがらにはたちいっていないようにみえるであろう。また、幸にこの本を読みとおして下さった読者が、これがきっかけで哲学に興味を持つようになられたとしたら、これからさきは、個別的な問題をとりあつかった本や論文を探されるよう、おすすめしたいと思う。

しかし、体裁はこうなっていても、実はこの本の中では、今、日本の哲学者のあいだで議論になっている問題のいくつかについて、一つの答を用意してあるところが、いくつもあるのである。たとえば形而上学の評価とか、心身問題のあつかい方とか、哲学における間主観性の確保とかいった問題について、論じている。ただし、専門書ではないので、議論に参加している人達の名前を一々あげたり、それぞれの立場をくわしく比較論評したりすることはしていない。

また、かぎられた紙数のことを考え、重要な問題とされてきているものでもとりあげなかったものがいくつもある。その多くは、また機会があたえられれば、ふれてみたいと考えているものであるが、なかには、それにたちいらないことで、その問題に対する、この本の立場を明かにしようとしているものも、ないではない。その点については、最後のところで、ちょっとふれておいた。

さらに、論理学は、哲学にくらべ、客観性が強い学問になってきているとはいえるが、その成果を、特に哲学との関連を中心にのべる時には、完全に中立的な立場をとることは、むずかしいのである。この本では、集合論を中心にすえる立場をとっているが、あわせてこの立場そのものの限界、特に、将来の論理学の発展如何によってはこの立場がのりこえられる可能性があることをのべることによって、多少、中立性をたもつよう努力した。しかし、現在においてすでに、集合論的なアプローチに対して否定的な立場をとる論理学者や哲学者もかなりいる。そういう人達の発言もかなりの関心を呼んではいるのだが、その点にたちいることは、あまり専門的になりすぎるので、この本では省略せざるをえなかった。

以上にあげたような点で、この本には、くわしい論証にたちいらないままに結論に至っている部分、つまり多少とも独断的な部分をふくむことはみとめなくてはならないであろう。

なお、さきに少しふれたこととも関連するが、この本では、哲学と対比させられることが多いものについて、哲学の優位を主張しているものではない。たとえば、宗教や神秘主義、また東洋伝来の思想といったものにくらべ、哲学の方がすぐれているとはいっていないし、逆にまた、おとっているともいってはいない。さらにまた、優劣がないともいってはいない。要するに、この点については、沈黙をまもっているのである。

実をいうと、たとえば宗教者の発言の中には、哲学の問題の中にあえてふみこんでいるものが、時にみられるように思われる。そのかぎりで、そういう発言をする人は、哲学的な議論の渦中に入ることをさけられないと思われるのであるが、はたして実際にその用意があるのかどうか、疑問に思われる時もないではない。しかし、この点の論評にたちいることは、この本の範囲をこえることであると考えた。

四

哲学の発生地は日本ではない。それなのに、日本にも哲学者と呼ばれる人がかなり多数いるようになり、また、一般の人々の中にも哲学の本に興味を持つ人がふえてきたということは、哲学が国際的な学問になってきたという証拠の一つに数えてよいであろう。

少くとも、日本では、古来の思想や、かなり以前に輸入された思想と対比的に、哲学のことが語られるかぎりで、哲学は、国際的な学問であるべきものである。この点からいって、最初にのべた、ヨーロッパやアメリカの哲学の世界の動向に敏感な哲学者の存在意義がみとめられているといえるであろう。

しかし、実は、そのヨーロッパやアメリカで、哲学には、地方色をゆたかに持っている面があり、また、問題の設定や、その解決の方法に、衣裳の流行にも似た変転があることがある。論理学との関連を重視することが、古来から変らぬ、哲学の基調音であることは、さきにものべたとおりであるが、それをかなりあからさまなかたちで強調するかどうかについては、地方により、時代により、ちがいがある。たとえば、アングロサクソンの哲学界では、種々の事情から、論理学の成果をおもてだってひきあいに出すやり方が、しばらくかげにひっこんでいて、近頃になり、ようやくまた、舞台の正面に出てきたように思われる。

この本は、実は、あまり流行を気にしない見地から書かれたものであり、したがって、過去、現在を問わず、個々の哲学者の名前などもあまりあげていないのだが、偶然、この流行の変転を目撃するのに、地理的に多少便利なところにいるあいだに出版されることになった。

この本を書くきっかけを与えて下さった小松左京氏、いろいろとお世話になった編集部の鍋谷契子氏、に、お礼を申し上げたいと思う。

一九七七年一月

吉田夏彦

第一章　哲学の諸分野

一　あるのか、ないのか

「火星に生物はいるか」
「ネス湖にネッシーはいるか」
「ヒマラヤに雪男はいるか」

こういったことが、時々、マスコミの話題になる。つまり、あるものがいるかいないかという問題に、人々の関心があつまることがある。

また、

「癌を治す薬はあるか」
「日本海に大油田はあるか」
「ブラックホールはあるのか」

といった、ものがあるかないか、を問う問題が、注目をひくことがある。
これらの問題は、まとめて、「あるのかないのかを問う問題」と名づけることができよう。このうち、ネッシーや雪男は、探検隊がみつければ、いるのだということになるだろう。また、日本海の油田は、技術者が探査して、あるなしをきめるであろう。癌を治す薬は、医学者、薬学者の苦心がみのって、実際に効果のあるものがつくられるようになるかも知れない。火星の生物や、ブラックホールは、今のところ、科学者が、さまざまな証拠にもとづいて、それがあるか、ないかをきめることになっているようである。

二　普遍問題

あるか、ないか、を問う点では今までの問題に似ているが、探検や、科学的な研究によって答が出るとは思えない問題もある。たとえば、

「神はいるか」
「来世はあるか」
「絶対的な正義はあるか」

といった問題である。宗教の中に、これらの問に、肯定的な答を与えるものもある。しかし、そういう宗教を信じていないものには、この答は、にわかには理解できないことも多

い。そこで、信仰とは独立に、理づめに、こういう問への答を求めようとする人もある。そのようなやり方で答をえることが可能であるとすれば、そのことを試みるのは、哲学の仕事だということになるようである。この本でも、後に、これらの問題に、少したちいるつもりであるが、今はとりあえず、もう一つ別の、やはりあるなしを問う問題で、古くから哲学者がその答を求めてきたものを、紹介することにしよう。

それは、「普遍問題」とよばれているものであり、一応、「普遍者は存在するか」と問う問題だといえる。

では、普遍者とは一体、どのようなものであろうか。

三　個物と普遍者

たとえば、

「この犬はテリヤだ」

という文は、ふつう、眼前にある一匹の犬をさしながら、口から発せられることが多い文である。こういう時、「この犬」ということばは、いうまでもなく、その眼前の、一匹の犬のことをさしている。この一匹の犬は、また、個体である犬、ともいわれる。

ところが、

「この動物は犬である」

というような時の「犬」は、何をさしているであろうか。やはり、個体としての犬をさしているであろうか。ふつうは、そうは受けとれない。むしろ、この文は、「この動物」ということばでさされている個体が、犬という種類に属していることをあらわしているととるのが、自然なとり方である。つまり、この文では、「犬」ということばは、動物の種類をさしているのである。

この、種類が、普遍者の一例である。今の例でみるように、種類をさすことばは、日常生活でつかわれる文の中に、盛んに登場する。つまり、種類の名前になっていることばは、人々がふだんつかっている言語の中に、無数といってよいほどある。しかし、では、名前だけではなく、種類というものが、実際に存在するのだろうか。このことを問うことは、普遍問題の一部になる。

一般に、生物の個体、人間の個人、個々の事物、のようなもののことを、「個物」という。そうして、個物ではないもののことを、「普遍者」というのである。実は、このいい方には、少しあいまいなところがあるのだが、そのことにたちいることも後にゆずることにしよう。

さて、多くの個物は、五感でふれて、その存在をたしかめることができる。また、一定の時刻には、空間のなかで一定の位置をしめている。

これに対して、普遍者の方は、五感ではふれることができない。たとえば、個々の犬は、眼でみたり、手でふれたり、その声をきいたりすることができるし、時刻をきめれば、そのいる場所もきまってくる。しかし、犬という名の動物の種類そのものは、眼にもみえないし、手でさわることもできない。また、空間のなかのどこにあるとも指定できないものである。

四　唯名論と実在論

普遍問題に関して昔から対立しあっている二つの立場がある。その一つは、

「普遍者は、ただ名前があるだけで、存在はしない」

と主張する立場である。この立場を「唯名論」という。

もう一つは、

「普遍者は、実際に存在する」

と主張する立場である。この立場を「実在論」という。

もし、「存在する」ということを、「五感によってふれることができ、空間の中に位置をしめる」という意味にとるなら、種類のようなものは、存在しないことは明かである。つまり、唯名論は正しくて、実在論はまちがいだということになる。

このことは、だれにでもわかる簡単なことがらである。実在論者も、そのことは十分知っていての上で、あえてその主張をたてているのであろう。したがって、実在論者のいう存在の意味は、「五感でふれることができ、空間のなかに位置をしめる」ということにはつきないものと考えるべきである。

五　ことば

実在論者にも、いろいろな種類がある。すなわち、「存在する」ということばの意味は、実在論者のあいだでもさまざまにわかれているのである。

ここでは、比較的わかりやすいと思われる実在論を一つとりあげよう。それは、人々がふだんつかっていることばの中から、普遍者をさしていることばを除き去ることが不可能であることを指摘することにより、その主張の正しさを証明しようとする実在論である。たとえば、ここに、夫婦と子供一人からなる核家族と、全部で十五人の三代の人間がまとまっている大家族とがあるとしよう。この時、人間の数は、あわせて十八人である。しかし、家族の数は、二つである。

家族を構成している各個人は、さきほどの説明にしたがえば個物である。しかし、家族の方は、個物ではなく、普遍者だというべきであろう。それでも、この場合には、個物である個人の数を数えているだけではなく、家族の方も、ものあつかいして、一つ、二つと数えている。

つまり、家族とか、種類とかいったものは、個物と同じように、数えることができるものとしてあつかうのが、たとえば日本語の習慣である。こうした語法をつかって、さまざまのことがらがのべられている。唯名論者の中には、こうした語法をいいかえ、普遍者をさすことばは一切ぬきにし、個物をさすことばだけをつかって、実質的に同じことがいえるようにしようと努力した人もいたが、結局、この努力は実をむすばないことがわかった。このことを根拠にする実在論が、今、問題にしている実在論である。

すなわち、この実在論は、つぎのように主張する。

「人々が、空想上のことではなく、現実のことがらとみとめていることがらの中には、ある種の普遍者をさすことばをつかわなくては表現できないものがある。この意味で、普遍者は存在しているとしなくてはならない」

素朴に考えると、もののあるなしは、人間のつかうことばとは無関係にきまっているように思われやすい。だから、この主張にはあまりなじめない人もいるかも知れない。しかし、おいおいみていくように、存在の問題は、ことばの問題と、密接に関係しているのである。そのことを予想して、一応、この実在論の主張に耳を傾けておいて、さきに進もう。

六　外延性

唯名論者は、個物の存在はみとめる。だからといって、どんな個物でも存在するといっているわけではない。たとえば、「四谷怪談のお岩の幽霊」ということばがさしているものがあるとすれば、それは個物であろうが、唯名論者の中には、そんな個物は存在しないと考えている人も多いのである。

同様に、実在論者だからといって、どんな普遍者でも存在するとみとめているわけではない。

たとえば、

「正三角形全体のあつまり」

ということばは、一つの普遍者をさしているものととれる。この普遍者の存在をみとめる実在論者は多い。

次に、

「三辺がみな等しい三角形であるという性質」

という表現と、

「三角がみな等しい三角形であるという性質」

という表現とは、それぞれ、性質という抽象的なもの、すなわち、普遍者をさしているものとれる。では、この二つの性質は同じものだろうか。

よく知られているように、この二つの性質は、一方の性質を持っている三角形はみな、また他方の性質も持っているという関係にある。このことから、二つの性質は同じものだとする立場もある。しかし、中には、この二つの性質は、別の性質だとする立場もある。前の立場で考えた性質のことを、「外延的な性質」といい、後の立場で考えた性質のことを「内包的な性質」という。

すると、実在論者の中には、内包的な性質の存在もみとめる人もいる。また、外延的な性質の存在はみとめるが、内包的な性質の存在はみとめないという人もいる。

以下ではしばらく、性質のうちでは外延的な性質の方の存在だけをみとめる実在論のことを考えていこう。

七　集合

「家族」「種類」「外延的な性質」などの概念を拡張することにより、「集合」という概念がえられる。

集合とは何かといえば、とりあえずは、

「一つの条件をみたすものの全体をまた一つのものとしてあつかうことができる時の、その全体」

というのを、答にしておこう。たとえば、

「aは犬である」

という条件をみたすaの全体は、一つの集合になる。これは、犬という種類に他ならない。

また、

「aは三辺がみな等しい三角形である」

という条件をみたすものの全体からなる集合は、

「aは三角がみな等しい三角形である」

という条件をみたすaの全体の集合と同じものであり、結局、これは、正三角形全体からなる集合にほかならない。


集合の中には、個物が集まってできたものではなく、集合が集まってできるものもある。たとえば、三家族がある時、その三家族の全体からなる集合というものも考えられる。

一つの集合bに属するもののことを、bの「元」という。たとえば、個々の犬は、犬という種類の元である。

集合bと集合cとがあって、bの元はみなcの元であり、cの元はまたみなbの元である場合には、実は、bとcとは同じ集合である。このことを、「集合の外延性」という。

八　数学

「家族」とか「種類」とかいったことばが日本語の中にあり、これに対応することばが他の国語にあるのをみてもわかるように、集合の概念は、部分的には、古くから知られていたものだった。しかし、それが、前節でのべたような一般的なかたちでつかわれるようになったのは、十九世紀後半になってからのことである。そうして、このことは、数学の現代化と関係のあることである。

数学は大変古くからある学問である。ヨーロッパで昔から知られていた数学は、1、2、3、……等の、今日のことばでいえば、正の整数や、これでできる$\frac{1}{2}$、$\frac{1}{3}$等の分数のあいだの関係をしらべる、数論と、平面図形や空間図形をしらべる幾何学とだった。ルネッサンスの頃から、インドやアラビヤの数学の影響を受けて代数学の研究がおこなわれるようになり、ニュートンやライプニッツが微分積分学を始めてから、解析学の分野がひらけた。そのあいだに、数には、零や負数も仲間入りするようになり、また複素数というものも、代数の問題をとくのにつかわれるようになってきた。こうして、十九世紀の前半には、すでに、きわめて膨大な範囲にわたって、数学の諸分野がひらけていたのである。

これらの分野のあいだに、密接な関係のあることは、だれにも感じられていた。だからこそ、これらの分野は、一まとめにして「数学」とよばれていたのだといえよう。しかし、その統一性をあたえるものが何であるか、をはっきりいいあらわすことは、むずかしいことだった。

ところが、集合の概念をつかうと、それまでに知られていた数学的な概念がすべて定義できることが、十九世紀の後半から二十世紀の始めにかけて、わかってきたのである。そこで、数学の諸分野におけるさまざまな定理を、この定義をもちいて書き直してみると、それは、集合のあいだの関係のことだけをのべている文になる。こういう文はみな、集合についてだれでもが正しいとみとめるような文、つまり、集合についての公理から、論証によってみちびきだすことができることがわかったのである。

集合のあいだの関係をしらべる数学の分野のことを、「集合論」という。これは、十九世紀の後半、ゲオルク・カントルによって始められた分野である。それまでも部分的には知られていた集合の概念の性格を、今日つかわれているようなものにまでひろげたのも、このカントルである。集合論は、始めのうちは、新奇な分野として好奇心で眺められていたにすぎず、なかには、これに露骨な反感を示す大数学者もいたのであるが、今のべたようなことが明かになるにつれ、次第に注目をあつめるようになった。つまり、集合論は、数学の一分科にすぎないものではなく、むしろ、数学の全体を統一するものだということがわかってきたからである。

数学は、ヨーロッパだけで研究されていたものではない。たとえば日本でも、徳川時代には、かなり高い水準の数学、すなわち、和算が研究されていたことは、有名な話である。しかし、今では、さまざまな歴史的な事情から、諸方の数学も、ヨーロッパの伝統にたつものに統合されている。たとえば日本では、和算の伝統は、ヨーロッパ流の数学に吸収されたのである。和算の歴史を文化史的にしらべる人も、和算の成果を、一般の人にわかりやすく説明しようとする時には、ヨーロッパ的な数学のことばをつかう。この意味で、ヨーロッパ流の数学は、今日では、世界的な普遍性を持っているといえよう。

その世界的な普遍性のある数学が、集合論によって統一的に性格づけられるようになった。このことからみても、集合の概念の重要性はわかるであろう。

九　証拠の問題

数学のあつかう対象であるところの、数とか関数とかいったものは、五感でじかにふれることはできないもの、つまり抽象的なものである。集合にしてもそうである。

ところが、自然科学は、具体的なもののことを研究する。自然科学は、物質を研究対象とする学問であるといってよいが、「物質」ということばの説明を国語辞典でさがすと、「空間の中に位置をしめ、五感によってその存在がたしかめられるもの」といったたぐいの説明がのっているのがふつうである。つまり、物質は、具体的なものだといってよいであろう。

もっとも、「五感でふれることができる」ということを、「じかに、肉眼でみたり、手でふれたり、そのたてる音をきいたりすることができる」という意味にとると、物質の意味がせまくなりすぎてしまう。たとえば、細菌などは、小さすぎて、肉眼ではとてもみえないものである。また、遠くにある星には、望遠鏡をつかわなくてはみえないものもある。

しかし、そういったものでも存在すると自然科学者がいうのは、その存在の証拠が、五感でふれられるかたちであたえられるからである。たとえば、顕微鏡をつかって始めて「みえる」ものは、その顕微鏡でみえる像が手がかりになって、存在することがたしかめられるのである。顕微鏡でもみえないほど小さいもの、たとえば分子や原子、さらに原子の部分になっている電子や原子核のようなものも、現在の自然科学は考えるが、こういったものについても、その存在をたしかめるための最終的な手がかりの一つは、五感でとらえられるものである。たとえば、さまざまな計器の針がさしている目盛りの場所とか、写真の上にあらわれた水滴の飛跡といったものである。この意味で、物質は、「五感によってその存在がたしかめられるもの」といってよいであろう。

もっとも、「五感によってふれられるものを手がかりにして一つのものの存在をたしかめるということは、くわしくいうとどういうことになるのか」ということは、かなり厄介な問題である。たとえば世の中には、幽霊をみたという人が大勢いる。日本の幽霊は、ふつう、手でさわることはできないが、眼にはみえることになっている。ところが、そういう「目撃者」が多数いるにかかわらず、現在の自然科学者の多くは、幽霊の存在をみとめない。

「眼でみえるというだけでは不十分で、手でさわることができなければ、存在するとはみとめられない」というのは、幽霊の存在を否定する根拠としては弱いいぶんである。たとえば夜空にかがやく星は、みえるだけで、今までのところだれも手でさわったことはないものである(月は、宇宙服を通してだと思うが、さわった人がいる)。しかし、だからといって、「星も幽霊と同じように、みかけだけのもので、ほんとうは存在していないのだ」という人はないであろう。

単純に考える人は、科学が、証拠にもとづいてもののあるなしをきめるのには、一定の手続きがあるのだと予想する。そこで、この手続きにうったえれば、なぜ星が存在していて、幽霊が存在しないのか、は、すぐにわかると考えているようである。

たしかに、科学の分野を一つとりあげ、その発展の一つの段階を固定すれば、そこで、証拠にもとづいてものの存在をきめる手続きは、一定の型にはまっているようにみえることがある。たとえば、化学分析で、一つの標本の中に、ある物質があるかどうかをしらべる手続きは、一定の範囲では、かなり、統一的な手順をふんでいるといえることがあるだろう。

しかし、自然科学の全体を通じてということになると、そのような一定の手続き、などというものをみいだすのは、大変むずかしいことになる。これは、自然科学のことを、多少とも広い範囲にわたってしらべれば、だれでもすぐわかることである。

また、自然科学の歴史をしらべると、同じ証拠をつかいながら、時代によって、存在をみとめるものの種類がちがってきていることがわかる。たとえば、十九世紀には、光とか、雷のような現象、その他、電磁気学の実験室で見聞されるさまざまな現象が証拠となって、エーテルというものの存在が考えられていた。しかし、現代では、同じような現象が依然として見聞されているにかかわらず、十九世紀の電磁気学の意味でのエーテルの存在は、科学者によって否定されている。

十 認識論

このように、自然科学が、五感でとらえられるものごとを証拠にしてそのものごとと別のものの存在をたしかめる手続きを、はっきりしたかたちで性格づけることは、なかなかむずかしいことである。しかし、それにもかかわらず、たとえば、「幽霊は存在しない」ということが、自然科学的にきめられると信じている人は多い。つまり、科学的なものごとの知り方を、ほかの（多分まちがった）知り方から区別できると考えている人が多いのである。
ものごとを知るための手続きの種類をしらべ、そのさまざまな種類のあいだの関係を論じ、また、正しい知り方と、まちがった知り方との区別はどこにあるのか、を考える分野のことを、「認識論」という。自然科学者の中には、その研究している分野がいきづまりになった時、認識論的な反省をする人がいる。つまり、いきづまりになったということは、今までの研究方法のどこかにまちがいがあったのではないか、あるいは、今まで考えつかなかったような新しい研究方法がありはしないか、ということをいろいろ考えあぐむ人がいる。研究方法というのは、ものを知るための手続きの一種にほかならないから、このように考えあぐむことは、認識論的な反省をしていることになる。その結果、自分の分野に飛躍的な発展をもたらした人もいる。たとえばアインシュタインなどは、そのいちじるしい例だといえよう。

こういうわけで、認識論は、時には、自然科学者の仕事の一部にくみこまれることもある。しかし、自然科学の一つの分野が、行きづまりをみせることなく、順調に発展している時には、その分野の科学者は、新しい事実や法則を発見するのに忙しく、認識論のことをあまり気にするひまはない。

また、自然科学は、非常に成功した学問であるが、物質のことをしらべる学問、つまり、自然学、の種類は、自然科学だけではない。ヨーロッパや北アメリカ、日本以外の文化圏には、自然科学ではない自然学を研究しているところがあるようだし、またヨーロッパでも、自然科学は、近世以降の産物で、それ以前の自然学は、自然科学とは大分ちがったものだった。自然学の中では自然科学だけが正しくて、ほかの自然学はみなまちがっている、と盲目的に信じ込んでいる人もいるようだが、そう独断的にきめこんでよいものかどうかは、実は吟味を要することがらである。

また、学問は、自然学だけではない。技術的な学問、たとえば工学、農学、医学などは自然科学と密接な関係にあるものではあるが、自然学そのものとは少しちがったものではあるまいか。心のはたらきをしらべる心理学、人間の社会の歴史をしらべる歴史学、生産、消費、分配の問題を研究する経済学、なども、自然学ではない。また、数学は、たしかに自然科学に盛んに応用されるものではあるが、その研究対象が物質ではなく、抽象的なものであることは、さきにもいったとおりである。

これらのさまざまな学問は、それぞれ、ものごとについて正しいことを知ろうとつとめている。その知り方のあいだにどんな異同があるのか、その知り方の正しさに優劣があるとすれば、それはどんなものか、こういったことを論ずるのは、かなり広い見地からの認識論的な仕事である。この仕事は、現在では、哲学の仕事とされている。

哲学的な認識論は、また、神秘的な知識、宗教的な知識、の可能性といったことについても論ずることがある。

十一　論理学

哲学的に認識論をすすめて行く時に、大いにたよりになるのは、論理学である。論理学は、論証の構造をしらべることから発展してきた学問である。そうして、論証が、ものを知るための、あるいは知識を整理するための、有力な方法の一つであることは、古くから知られてきたことである。だから、ものごとの知り方を問題にする認識論が、論理学からまなぶところが多いのは、当然のことといえよう。

しかし、論理学が認識論に貢献するのは、この面においてだけではない。たとえば、自然科学では、数学を大いに利用するが、しかし、自然科学は数学そのものではない。ではこの二つの学問はおたがいにどういう関係にあるのか。こういうことを論ずるのも、認識論の課題の一つである。そうして、この面でも、論理学は、認識論を助けるのである。それはつぎのようにしてである。

まず、論理学では、文の論理的な正しさとはどういうことかをしらべるために、ことばと、それが表現しているものごととの関係をしらべる。たとえば、

「明日、雨が降るか、降らないかだ」

という文は、正しい文であるが、これは、別に気象学を研究することによってその正しさ

がわかった文ではない。実は、

Aか、Aではないかだ

という形式のAのところに、任意の文をいれると、全体としていつも正しい文ができる。この意味で、この形式は、「論理的に正しい文の形式」といわれ、この形式にはまる文のことを、「論理的に正しい文」という。今の例の文は、この意味で論理的に正しい文なのである。

論理的に正しい形式というものは、このほかにもいくらでもあるが、そういうものの構造をしらべる時には、ことばと、それが表現しているものごととの関係を一般的な見地からしらべることが必要になる。ことばが表現している内容のことを、論理学では、そのことばの「モデル」という。写生画があらわしているもののことを、その画の「モデル」というのと似ているいい方である。そうして、ことばとそのモデルとの関係をしらべる、論理学の分野のことを、「モデル理論」という。

さて、数学は、自然科学のことばだといわれる。つまり、自然科学は、数学をつかってものごとを記述し、分析するのである。数学をこのかたちで大いに利用するところが、自然科学を、それ以外の自然学から区別する特色の一つであるといえるのである。そこで、数学と、自然科学の研究対象とのあいだの関係は、ことばとそのモデルとのあいだの関係だといえる。このことを考えれば、数学と自然科学との関係を論ずる認識論に、論理学の成果が役立つこともうなずけよう。

このように、論理学と認識論とは密接な関係があるので、場合によっては二つをまとめて一つの学問にしてしまい、論理学を「認識論の基礎分野」としたり、認識論を、「広い意味での論理学」と呼んだりすることもあるぐらいである。

十二　定言文

論理学では、論証の基本単位となる文の形式として、

ａはｂである

という形式に注目する。この形式には、三通りの用法が考えられる。その一つは、

この犬はテリヤである

という文などを生ずる形式としての用法である。つまり、「ａ」のところに、個物の名前が、「ｂ」のところに、集合の名前がきている文を生ずる形式としての用法である。あるいは、一般的には、「ｂ」のところに、一つの集合をさす表現が、「ａ」のところにｂの一つの元をさす表現がくる文を生ずる形式としての用法である。

第二は、

犬は動物である

ということを立証するような文、つまり、一つの集合が、他の集合に部分としてふくまれていることをいいあらわす文を生ずる形式としての用法である。

第三は、

「蜻蛉日記」の著者は、右大将道綱の母である

という文、つまり、aとbとが同一のものであるということをあらわしている文、を生ずる形式としてである。

aとbとが同じものであるということはどういうことかは、集合に関する概念をつかえば、いいあらわすことができる。まず、aとbとがともに集合であれば、前にのべた外延性にしたがって、aとbとが元を共有する時、aとbとは同じものである。また、aが集合であってもなくても、aだけを元とする集合がある。つまり、

xはaである

という条件をみたすxの全体からなる集合で、これには元がただ一つ、つまり、a、しかない。こういう集合を、「aを元とする単元集合」といい、これを｛a｝と書く。同様に、bを元とする単元集合も考えられる。もし、bが｛a｝の元であれば、bはaと同じものである。同様に、aが｛b｝の元であれば、aはbと同じものである。

そこで、aがその元になっている集合については、bも元になっており、またその逆もいえるとすると、aとbとは、特に｛a｝、および｛b｝に属する、つまり同じものであ

るということになる。

以上のことをまとめて、「どんなxをとっても、もしxがaの元なら、xはまたbの元であり、xがbの元なら、xはまたaの元である。また、aがxの元なら、bもxの元であり、bがxの元なら、aもxの元である」ということがなりたてば、aとbとが同一のものであるといえるということになる。ふつう、集合論では、このことを、aとbとが同じものであるということの定義としている。

aはbである

という形式の文が、「aは集合bの元である」という意味をあらわしている時には、この文を「帰属文」という。また、「集合aは集合bの部分である」ということをあらわしている時には、「包摂文」という。「aとbとは同じものである」という意味をあらわしている時には、「同一文」という。また、これらの三種類の文を、「定言文」という。定言文は、いずれも、集合に関する概念でその内容がのべられる文であることは、以上のことから明かであろう。

したがって、定言文のつみ重ねで表現される論証の構造をしらべることは、集合のあいだの関係をしらべることと関係があることになる。つまり、論理学は、集合論と関係がある学問なのである。

十三　ラッセルのテーゼ

論理学が、集合論と関係するのは、定言文の分析を通してだけではない。モデル理論においても、集合の概念が、大いに活躍する。つまり、ことばも、そのモデルも、また両者の関係も、それぞれ、集合論の概念をつかうことにより、みとおしよく分析できることがわかっているのである。

その他、いくつかのことがらを考えあわせると、集合論とは、論理学が発展することによりできあがる学問だとみることもできる。そうして、集合論は、さきほどのべたように、数学がすべてその中につつまれてしまうもの、いわば、統一的に関連づけられた数学の全体そのものである。このことをちぢめていえば、

「論理学が発展すれば、数学になる。つまり、論理学と数学とは一体のものである」

ということになる。これは、バートランド・ラッセルがとなえた説なので、「ラッセルのテーゼ」とよばれる。

十四　存在論

哲学は、全体性を追う学問、つまり、できるだけ一般的な見地からものごとをながめ、

多様性のなかに統一的な性格をみつけようとする学問であるといわれる。

そこで、この全体性を極度に発揮して、「あらゆるものごとに共通なことは何だろう」という問をたてたら、答はどうなるか。

哲学が与える答の一つは、「それは、存在するということである」というのである。「存在する」というとかたくるしくなるが、要するに「ある」ということである。

もっとも、「ある」ということばにも、二つの用法がある。一つは、

「ブラックホールがある」

「富士山より高い山がある」

「癌の妙薬がある」

といった時の、「ある」、つまり、「が」とならべて「がある」といったかたちでつかわれる時の「ある」、の用法である。文字通りの意味では、こちらの方が、存在ということをあらわす「ある」の用法だということになろう。

もう一つの用法は、定言文、つまり、
aはbである
という形式の文にあらわれる「である」の用法である。こちらの用法が、集合の概念によって、くわしくいいあらわせること、三種類に分析できること、についてはすでにさきほどのべた。

「がある」と「である」とがはっきり区別できるようになっているのは、日本語のすぐれた点であると思われるが、ヨーロッパ語には、「が」や「で」にあたる便利なことばがない。それで、ヨーロッパに由来する学問である哲学では、「がある」の意味での「ある」も、「である」の意味での「ある」のことも、一緒くたにして、「存在する」といいかえる、またその名詞形を「存在」とよぶのが、習慣になっている。

とにかく、「である」の方の存在の構造を一般的に分析するのには、集合の概念がつかわれるのである。そうして、「がある」の方の存在のことを一般的に論ずる時にも、集合論が有用であることがわかる。それは、次のようにしてである。

たとえば、「癌の妙薬はあるのか」という問は、それをあたえれば患者を殺さず、苦痛もあまり生じさせずに、癌の症状をけす薬がみつかれば、肯定的に答えられることになる。つまり「癌の妙薬がある」ということになる。この時、妙薬は、別に一つでなくともよい。いくつあっても、「妙薬がある」ということになるのは、かわりはない。こうして、ものがあるかないかを問う問の多くは、ただ一つの個物があるかどうかを問うよりも、一つの条件をみたすものが少くとも一つはあるかどうかを問う問だととられることが多いのである。つまり、その条件をみたすものの全体からなる集合が空集合であるかどうかを問う問ととられることが多いのである。ここで空集合とは、元を一つも持たない集合、つまり、からっぽの集合のことである。集合ということばをひらたくいえば、「もののあつまり」

のことであるから、元が一つもない集合などを考えるのはおかしいようである。しかし、集合論では、種々の事情から、空集合の存在をみとめることになっている。また、集合論ができる前にも、人々は、時々、空集合にあたるものについて語っていたことがあるとみてよいふしがある。

もちろん、個物があるかどうかが問題になることもある。たとえば「母をたずねて三千里」という物語があるが、この時の母は、もちろん、この世にまだ生きていたとして、一人しかいないはずである。つまり、たずね人をする時には、一人の人間という個物の存在を問題にしているのである。

しかし、個物の存在に関する問は、その個物を指定するような条件、たとえば、「aは少年マルコの母である」

という条件をあげておいて、

「この条件をみたすものの全体からなる集合は空集合ではないかどうか」

を問い、「空集合ではない」という答がえられたら、さらに、

「その集合は単元集合か」

を問うているもの、ととることもできる。こうすれば、個物の存在に関する問の一般的な構造は、やはり、集合に関する概念でいいあらわせることになる。

個々の個物や集合の存在に関する問題への答は、この章の最初にのべたように、科学的

な研究や、探検などによって与えられるのである。その答をえるにあたってのさまざまな困難を、その場、その場できりぬけて行くことは、科学者や探検家の仕事である。

しかし、存在に関する問題を一般的な見地から論ずるのは、哲学の仕事であるとされており、このことを任務とする哲学の分野を、「存在論」という。存在論と集合論とが密接な関係を持っていることは、以上のことからも明かであろう。

十五　ものもどき

集合論のおかげで始めて明かになったといえる、存在の区別がある。

まず、

「犬というものはあるか」

という問を考えてみる。これを、犬という集合が空集合であるかどうかを問うている問とみることができることは、さきにものべたとおりである。これにはもちろんだれでも肯定的な答を与える。しかし、また、これを、犬という集合、つまり個々の犬のような個物ではなく、「犬」という名の普遍者があるかどうかをたずねている問ととることもできる。実在論者ならば、この問には肯定的な答を与えるであろう。

次に、

「3より大きい偶数の素数はあるか」

という問を考えてみよう。ここで「素数」というのは、1と自分自身でしか割り切れない整数のことである。2以外の偶数はみな2で割り切れるから、素数ではない。つまり、3より大きい偶数の素数はない。これは、

aは3より大きく、偶数で、しかも素数である

という条件をみたすものの全体からなる集合が、空集合だということにほかならない。しかし、この集合自身は、実在論の立場からすれば、存在するものである。

そこで今度は、

aはaの元ではない

という条件を考えてみよう。たとえば、個人の全体からなる集合、つまり、人類、は、それ自身は個人ではないから、人類の元になってはいない。だから、実在論の立場からすれば、この条件をみたすものは、たしかに存在する。しかし、この条件をみたすものの全体からなる集合は、存在しないのである。

なぜか。仮に存在するとして、これに「R」という名をつけよう。さて、RがRの元だとする。すると、Rをさきほどの条件のaのところに代入した、

Rは Rの元ではない

が成立する。すると、「RはRの元であって、RはRの元ではない」という、矛盾したこ

とがらが成立することになる。これは、「RはRの元である」という仮定をしたことから生じた矛盾であるから、この仮定は否定すべきである。つまり、「RはRの元ではない」とするべきである。ところがそうすると、Rは、Rの元であるための条件をみたすことになる。つまり、RはRの元であるということになる。そこで、「RはRの元ではなくて、RはRの元である」という、矛盾したことがらが成立することになる。Rが存在しているとするかぎり、この矛盾は逃げようがない。結局、Rは存在しないのだということになる。「条件によっては、それをみたすものは存在しているにかかわらず、それをみたすものの全体からなる集合が、存在しないこともある」ということは、集合論という分野が生じて始めて明かになったことである。

今、「R」という名前をたててみたが、この名前のさすものは、実は存在しないものだった。しかし、こうした名前、あるいは、それに類する表現が指示しているものが存在しているとあやまって思いこまれることがある。あるいは、承知の上で、そういう表現が何ものかを指示しているかのような話し方をすることがある。そういう時の、存在しているかにみえて実は存在してはいないもの、つまり、十分な意味では「もの」ともいえないようなもののことを、「ものもどき」ということがある。いわば、今のRは、一種のものもどきであるわけである。

ちなみに、

aはaの元ではない

という条件をめぐって、このいささか奇妙なことが生ずることを、最初に指摘したのは、さきほど名前をあげた、ラッセルである。

十六　関連性

認識論と存在論とのあいだには、密接な関連がある。このことは、認識論が広い意味での論理学であるということからもわかるであろう。つまり、一方、論理学は発展すれば集合論となり、集合論と存在論とはたがいに深くかかわりあっていることは、さきほどのべたとおりだからである。

それとは別に、つぎのようなことを考えてもよい。たとえば、科学によって答が出る、存在の問題は、無数にあるが、その答の出し方がどういう手続きによるのかを、一般的にしらべることは、前にものべたように、認識論のしごとである。また、正しい認識とは、結局、ものごとをあるがままにみてとることにほかならないのであるから、認識の正しさを論ずるためには、ある、つまり存在するとはどういうことかを論ずる存在論のことを考慮に入れなくてはならないことになっている。

このように、哲学の諸分野は、きわめて密接に関連しあっているので、一つの分野の問題を論じているうちに、自ら、他の分野の問題の議論にみちびかれることも多いのである。このことを、「哲学の関連性」と呼ぶことがある。

十七　人生論

哲学といえば、人生論のことだ、と考えている人も少くない。たしかに、哲学の中には、人生の問題をあつかう分野もある。

しかし、人生論は、哲学の独占物ではない。宗教的な見地からの人生論もあるし、文学的な人生論というものもある。そういう人生論の方に魅力をおぼえる人も多いであろう。また、人生の問題になやみをおぼえた時には、哲学的であれ、宗教的であれ、人生論の本などを読むよりも、夢中になって働いたり、旅行に出たり、神経科の医者の忠告をきいたりした方が、手取早い解決になることもある。

とにかく、哲学的な人生論というのは、話がながくて、まどろっこしいことになりがちである。たとえば、

「人生の目的は何か」

という問をたてた人がいるとする。宗教的な人生論の中には、これに明快な答を与えているものもある。ところが、哲学というものは、えてして、

「そもそも、人生に目的というものがあるだろうか」

といった存在論的な問題をまずとりあげたり、

「目的があるとしても、それが一体どういうものかということは、どうしてわかるのだろうか。宗教家の中には、一見、明快な答を出しているものもいるが、その答の根拠はどこにあるのだろうか」

といった認識論的な問題にこだわったりして、なかなか、すぐには、

「人生の目的とはこれこれしかじかのことである」

という結論を出すことはしないものなのである。つまり、人生論を、存在論や認識論の一種の応用問題とみたて、その見地から人生論をくみたてていこうとするのである。あるいは、「人生」とは、文字通り、「人の一生」のことにほかならないが、人間に、自分自身のことを知ることができるかどうか、ということをまず考えてみようとする哲学もある。さらに、人生論を手がかりに、逆に、存在論や認識論の一般論に迫ろうとする哲学もある。


このように、ふつうならさして問題にならないところに眼をつけ、あたりまえと思われていることの根拠を問い、場合によっては、さらにその根拠の根拠といったものをたずねていくのも、哲学の特色の一つで、このことを「哲学の根源性」ということがある。

とにかく、人生論も、哲学的にいえば、哲学の他の諸分野と関連した問題をさまざまにかかえている分野であって、簡単に論じさることは、できないものなのである。

人生論と関連した問題の一つは、「人間とは何か」という問であるが、この答を求める哲学の分野は、「人間学」とよばれる。

十八　倫理学

哲学は、最初は、自然学として生じたといわれる。この面からみれば、自然科学を、現代における哲学の一部門とみることもできるのであって、現に、自然科学の創始者であるニュートンやボイルは、哲学者を以て、自ら任じていた。このことは、彼らの著書の題名からもうかがわれる。たとえばニュートンの物理学上の主著は「自然哲学の数学的原理」と題されている。

最初の自然学者で最初の哲学者だったといわれている人達は、ニュートン達よりもずっと昔、すなわち西暦紀元前五、六世紀に古代ギリシャの植民都市にあらわれたのである。彼らよりややおくれてアテネに育ったソクラテスも、若い頃は自然学をかなり熱心に研究したということだが、やがて人生論的な問題にとりつかれ、その方の研究にのこりの生涯をささげたことで、哲学者としての名を残した。特に彼が知りたがったのは、

「よく生きるとはどういうことか」

「よい人間とはどういう人か」

「よい行為と悪い行為とはどこで区別されるか」
といった問への答であった。

一般に、ものごとや行為の善悪、正邪に関することがらを論ずる哲学の分野を、「倫理学」という。ソクラテスの問題は、倫理学的な問題だったわけである。

文化圏や時代をきめれば、善悪正邪の基準は、大体きまっていることも多い。そういうところ、そういう時期にいる人は、とおりいっぺんの答で満足する気なら、倫理学的な問題のことには、あまり頭をつかわないでもすむ。

しかし、ソクラテスが住んでいたアテネは都市国家で、せまいギリシャの中には、ほかにもいくらも都市国家があり、たがいに戦争をしたり、講和をむすんだり、ということがしょっちゅうおこなわれていた。また、アテネの中でも、政争がたえまなく、政権の交代と政体（民主制、寡頭制、独裁制）の交代とがともなうということもめずらしくなかった。こういう情勢では、ものごとのよしあしの基準がはっきりせず、対立しあう価値観が共存するようになるのは、眼にみえたことである。当時、ソクラテスのほかにも倫理学的な問題を手がけた人は何人もいたが、そういう人の中には、
「善悪、正邪の普遍的な基準などというものはありはしない。各人が思いのままに、その基準をたててかまわないのだ」
と説く人もいた。しかし、ソクラテスは、そうは考えず、普遍的な基準があるはずだと考

えて、これを追いもとめたのである。しかし、安易な答には満足せず、十分な根拠のある答をさがしたから、自ら、

「倫理学における正しい認識とは何か」

という問にみちびかれ、さらに進んで、認識論一般にも思いをひそめたということである。ここにも、哲学の関連性、根源性、の一例をみることができる。

倫理学は、今日でも、多くの哲学者が好んで手がける分野である。そうして、倫理学と認識論とを関連させる議論も、今なお、盛んにおこなわれている。

十九　神

倫理学的な結論を、宗教的な教えからひきだそうとする人もいる。しかし、哲学的にそのことをおこなおうとする人は、まず、その宗教的な教えが正しいものであることを、証明しなくてはならない。

中世のヨーロッパには、一神教、特に、キリスト教の正しさを証明しようとして苦心した哲学者が、多数いた。一神教では、ただ一柱の絶対神がいることを教義内容の出発点にしているから、まず、そういう神のいることを証明しなくてはならない。そこで、神の存在を証明することが、中世ヨーロッパの多くの哲学者にとっての重要な課題となっていた。

さて、神は存在しているとしても、日常生活で人々をとりまいている事物のように、直接五感でふれることができるものではない。だからといって、数学の研究対象のような抽象的なものでもない。また、ただ一柱しかないのだから、普遍者よりはむしろ個物に近いもののようであるが、個人や、生物の個体のようなものとも大分ちがうもののようである。こういった神が存在するとはどういうことか。こういった問への答をえようとすれば、ものごとの存在の種々相を分類し、そのあいだの関係を明かにすることが必要になる。こうして、宗教的な教えから倫理学を建設しようとする哲学者は、存在論的な問題にみちびかれる。

ここにも、哲学の関連性をみることができる。ただし、中世の哲学者が果して神の存在証明に成功しているかどうかは、また、別の話である。

二十　美学

食物や酒のうまいまずいについての判断は、人によってずいぶんちがったものになりうる。早い話が、甘口の酒を好む人もいれば、辛口の酒を好む人もいる。酒がまったくきらいな人もいる。このことはだれでも知っている。

しかしまた、うまいまずいの話ほど、人々が好んで議論をしたがる話も少いのである。

女性や絵、音楽、風景などの美醜についても、同様なことがいえる。各人がくだす美醜の判断は、よくたがいにくいちがいうる。しかし、美醜の問題についても人々は議論をしたがる。また、芸術作品の美につき、あたかも客観的な評価が可能であるかのようにして、コンクールをしたり、賞を授けたりすることもある。

味のうまいまずい、ものの美醜、について、普遍的な基準はありうるのだろうか、あるとすれば、それはどのようなものだろうか。このようなことを論ずる哲学の分野を、「美学」という。

美学が認識論と関連してくる面のあることは、みやすいであろう。すなわち、もし、普遍的な美醜の基準というものがあるとすれば、それにあてはまったかたちでくだされる美醜の判断は、正しい知識の一種といえるからである。

また、一つの芸術作品なら芸術作品が美しいということは、その作品に美が宿ることだ、あるいは、その作品が美にあずかることだ、という人がいる。このいいぶんが正しいとすれば、「美」とよばれるものがあることになる。これは、存在するとすれば、普遍者の一種であろう。

果してそのような普遍者が存在するのか。存在するとすれば、その存在のしかたは、ほかの普遍者、あるいは、個物、の存在のしかたとどう関係するのか。このようなことを論ずることにより、美学は、自ら、存在論とも関連してくるのである。

美学の研究は、多くの場合、芸術作品に数多くふれ、また、自らも芸術活動に従事するだけの、機会と才能にめぐまれた人によっておこなわれるのがふつうである。しかし、中には、論理性の勝った議論にもとづいて、美学の領域に入っていき、しかも後代の美学者に大きな影響を与えた哲学者、たとえば、カントのような人もいる。カントの音楽の趣味はそれほど高いものではなかったといわれているが、そのことと、彼の「判断力批判」が美学者のあいだで重んぜられていたこととは、両立することのようである。

倫理学と美学とをつつむより一般的な分野を考え、これを「価値論」とよぶことがある。これは、倫理学と美学とが両方とも、価値判断を問題にする分野だからである。実際、古代ギリシャでは、「よい」ということと「美しい」ということとが、しばしば同一視されていた。今の世の中にも、出所進退をきめるのに、行為が美しいかどうかをもっぱら気にしている人間がいる。こういう人間は、善悪と美醜とを同一視しているのであろう。

はたしてこの同一視が正しいことかどうかは、それ自体が、価値論上の重要な問題であるが、とにかく、倫理学の議論と美学の議論とに平行した面がでてきやすいことは、明かであろう。たとえば、この二つの分野は、それぞれ事実において、人々の価値判断が分裂している場合が多いことをみとめることから出発し、しかも、普遍的な価値判断の基準がはたしてありうるかどうか、をさぐることを、一つの課題としている。

なお、哲学によっては、知識についていわれる「正しい」「正しくない」ということも、一種の価値判断であるとし、認識論を、倫理学や美学とならべて、価値論の一分野に数えるものもある。

哲学の分野のわけ方には、ほかにもさまざまなものがあるが、存在論、認識論、価値論、に大別した上で、価値論をさらに、倫理学と美学とにわけるのは、よくおこなわれているわけ方の一つである。人生論や人間学、あるいは数学にまつわる諸問題をとりあつかう数理哲学、法律の正しさの根拠などを問う法哲学、等は、このわけ方では、これらの分野の応用篇ということになる。これらの分野がたがいに関連しあっていて、一つ一つを孤立させにくいことも、のべておいた。

全体性、根源性も、哲学の特色としてあげられるものだった。「哲学」ということばは、もともと、「学問一般」の意味でつかわれることも多かったことばで、これをほかの学問、たとえば自然科学からきびしく区別するのは不自然なことになることも多いのであるが、しいて哲学の性格づけをもとめられた場合には、全体性、根源性、関連性、をその特色にあげておけば、一つの答にはなるであろう。事実、この答は、「哲学とはどういうものか」という問に対して、哲学者が好んで与える答の一つである。

第二章　二つの落語

一　浮世根問

哲学はもともとヨーロッパの学問であり、明治時代までは、日本にはあまり知られていなかったものである。しかし、哲学的にものごとを論ずる傾向の人は、昔から、日本にもいたようである。そのことは、たとえば、落語などからもうかがうことができる。

その一つの例として、「浮世根問《ねどい》」という落語をとりあげてみよう。

子供は、いろいろなことについて、「なぜ」「どうして」ということをやたらにききたがるものであるが、大人になってからもその癖がやまない人がある。この落語の主人公の一人、八公は、この癖の持主である。何についても知ったかぶりをして、「知らない」ということのできない、横町の隠居がもう一人の主人公である。そうして、落語は、この二人の主人公の問答のかたちで進行する。

たとえば八公は、「西の方に行けばどこになるか」ときく。隠居が「京」「大阪」「博多」と順々にこたえて行っても、「そのまた西は」「そのまた西は」と、八公はたてつづけにきいていく。「唐」「天竺」と、当時の地理学を動員して答えても、「天竺の西はどこになる」とまたきく。「そのさきにはもう何もない」と答えると、「その何もないところをどんどん西に行けば、どこに行くか」と追いかけてきく。しかたがないから、「ずうっと西に行けば、西方十万億土になる」と答えると、「その十万億土のまた西に行けばどこになる」とまた問がかえってくる。「その西は、もう、もうもうとして何もわからないところだ」「そののもうもうとしているところをもっともっと西に行けば」「もっともうもうとしたところだ」「そのもっともうもうとしたところをもっと西に行けば」「もうもうもうもうもうもうとしたところだ」「そのもうもうもうもうもうとしたところをもっと西に行けば」「もっともっともうもうもうもうもうもうもうもうもう……」といいながら隠居は喘息の発作をおこしてしまい、「小づかいをやるから、もう帰っておくれ」というところで、話に一段落がつくことになっている。

この八公は、小づかいほしさに、気の毒な隠居に問答をしかけたのではなく、根ほり葉ほりきいてみることが好きな人物だったのだと考えた方がよい設定になっている。

このように、根ほり葉ほりものごとをきいて行く精神は、根源性という見地からいって、哲学的な精神だといえるであろう。それに、「宇宙をどこまでもすすんで行くとどうなるか、はてにぶつかるかどうか」という問は、昔から哲学者が論じてきた重要な問題の一つである。

現在なら、宇宙にはてがあるかどうかは、哲学ではなく、自然科学の一部である天文学が答えることだということになっている。

しかし、現代の横町の隠居が、どこかで天文学の話をききかじってきて、「宇宙の大きさは有限でな、そのさしわたしは、これこれしかじか光年だぞ」などと教えても、現代の八公は、おそらくその説明だけでは満足はすまい。「しかし、宇宙のはてがあるといっても、そのはてのさきがありそうなものだ。そこは宇宙ではないのか。宇宙の大きさが有限だというのは、どういう根拠によることか」とうるさくきくことであろう。隠居の方が少し勉強をつんでいて、いくつか根拠をあげたとしても、その根拠の根拠は何だときいて行き、しまいには、「どうして現代の自然科学が正しいと考えるのか」ときくかも知れない。こうなれば、八公は、認識論に足をふみいれることになる。

もちろん、すべての人が哲学的になる必要はない。その時の世間の常識というものをすなおに受けいれ、ものごとにあまり疑問を持たずに、日々のなりわいにいそしむ人達は、社会にとって大事な人達である。ひまにまかせて、浮世根問ばかりくり返している八公と隠居みたいな人ばかりがいたら、江戸の繁栄はなかったであろう。

しかし、「浮世根問」は、昔の日本人にも、哲学的な探求の面白さを解する人がいたことを物語っている点で興味深い落語である。これの面白さには本人にとっての面白さと、わきからみているものにとってのおかしさとの両方がふくまれているのであるが、とにかく、哲学的なものの考え方には、まんざら、日本の伝統的な文化と縁がないこともない点もあることが、これでわかるともいえるであろう。「徒然草」にも、子供の時、浮世根問的な問を父にして困らせた話を、やや得意気に回想しているくだりがあったことを、おぼえている人もいるであろう。

二　蒟蒻問答

落語には、もう一つ哲学的なものがある。それは、「蒟蒻《こんにゃく》問答」という題の落語である。安中在の無住の寺に、流れ者が、世話好きな蒟蒻屋のすすめで、住職になって住みこむ。このにわか住職は、道楽者のなれのはてで、経一つよむことを知らないのだが、別に葬式もないのを幸いに、毎日、下男を相手に、酒をのんでくらしている。そこに、旅の禅僧がやってきて問答を申し込む。問答に負けたら寺をのっとられるときいてあわてたにわか住職は、「住職は別の人間で今は留守だ」といって旅の僧をいったん宿に帰し、蒟蒻屋に住職に化けてくれと頼みこむと、仏教については何にも知らない点では同様の蒟蒻屋が、大胆にもひきうける。

翌日、ふたたびやってきた旅の僧がいくら問を重ねても、蒟蒻屋の化けた大和尚は黙っている。「さては無言の行だな」と思った僧が、それではというので、身ぶり手ぶりで問をしかける。すると、今度は蒟蒻屋も、身ぶり手ぶりで答を返す。それが一々肯綮《こうけい》にあたっているものだから、旅の僧は、すっかりおそれ入り、「われらの遠くおよぶところではない」と退散する。これだけでは、まことに不思議な話であるが、実は、これにはことばによるえときがある。

たとえば、僧は、指で小さな輪をつくってしめす。すると蒟蒻屋は、大きな輪をつくってみせて答とする。これを、僧は、「日の本は」ときいて「大海のごとし」という答をえたものと解している。しかし、蒟蒻屋の方では、「お前のところの蒟蒻はこんなに小さいんだろ」ときかれたと思い、しゃくにさわって、「馬鹿をいえ、こんなに大きい」と答えたつもりだったのである。つぎに、僧は、「十方世界は」ときくつもりで両手をひろげてさしだしたところ、片手をひろげてみせられたので、「五戒でたもつ」と答えられたと考える。蒟蒻屋の方は「十丁でいくら」ときかれて「五百」と答えたつもりである。最後に僧は、三本の指を出して「三尊の弥陀は」とたずねたつもりだったところ、右の人差指を眼の下にあてた答、つまり、彼の解釈では「眼の下にあり」という答をもらって、すっかり敬服してしまうのである。蒟蒻屋の方では「たかいから三百に負けろ」といわれたととり、けちな坊主だと腹をたて、あかんべをしてやったつもりなのである。

この場合には、第三者には、このえときがあるが、僧と蒟蒻屋とは、おたがいに、相手をまったく誤解したままでわかれたのである。それでも一方は、「よい教えを受けた」と喜んで次の旅に出立したのであるし、他方は、「うまいこと、いいまかしてやった」と御機嫌だったのだから、話はハッピー・エンディングになっているわけである。

これは、身ぶりことばの場合であるが、実は、話しことばの場合にも、同じことが起りうるのではないか。こういう疑問をさそうところが、この落語の哲学的なところなのである。実際、汽車の中でのりあわせた人の一方が、能の話を始めたところ、相手は、終始一貫、それを農（業）の話だと思いこんで調子をあわせていたという実話もある。

虎をかいたつもりの絵が他人には猫にみえたとか、椿をかいたつもりの絵が他人には苺にみえた、とかいった話もあり、絵をみせてそのモデルを察してもらおうと思っても、誤解をまねくことがある。

モデル理論の教えるところから、実は、ことばのモデル、つまりその表現内容を一義的にきめるのは、不可能な場合の多いことがわかる。このことは、必ずしも困ったことではなく、数学が多方面で応用されるのは、ことばの持っているこの性質を利用してのことであることも少くないのであるが、とにかく、このことから、哲学上の諸問題にとって重要な結果がひきだされてくる。

なお、ことばの持つこの不確定性ともいうべきものには、禅の方でも早くから気づいていたようである。そこで、ことばによって教義内容を固定することを排し、「不立文字」などというのであるが、それにもかかわらず、禅僧は問答を好み、その結果、勝ったの、負けたのといって大さわぎしている。「蒟蒻問答」は、禅における、このような風潮への、皮肉にもなっているのである。

とにかく、ことばとそのモデルとの関係を論ずることは、哲学的にも重要な問題の一つであるが、この落語は、この重要な問題に、人々の眼をひく役目をしているものととることができる。この問題には、この本でも後で少したちいるつもりである。

落語以外のところからも例が拾えることと思われるが、このような例を考えてみると、哲学的なことがらに関心を持つきっかけは、案外近いところにもひそんでいることがわかるであろう。

第三章　論理学

第一章で紹介した哲学の諸分野での問題をすべてとりあげて、それらをくまなく論ずるということは、もちろん、このような小冊子のよくするところではない。この本では、今までにふれてきた問題からいくつかを拾い、これに関連する問題も二、三つけ加え、これらのことを、論理学のことを念頭におきながら、論じてみるにとどめる。

また、第一章では、論理学の助けをかりてえられる結果をいくつか、それがえられたみちすじにはふれず、結論だけのかたちで引用したが、そのみちすじについても、多少の解説をする。

しかし、こういった目的をはたすためには、まず、論理学とはどんなものかについての紹介が必要であろう。そこで、この章は、その紹介にあてることにする。もっとも、この章においても、折々、哲学的な問題にふれるつもりである。

一　由来

論理学は、論証の構造をしらべることから発展した学問である。東洋では、インドでかなり古くから論理学が研究され、特に、仏教の僧侶によってこれがかなり高い水準のものにしあげられていたといわれる。日本にも、この論理学は「因明《いんみょう》」という名でつたえられていた。

しかし、今では、日本でもヨーロッパ流の論理学が、教えられ、研究されるようになっている。因明は、歴史的な興味からしらべる人が少しいるだけで、現代的な意味を持っているものとは、考えられていないようである。この本でも、以下では、ことわりなしに「論理学」といえば、主として、ヨーロッパ流のものをさすものと了解することにする。もちろん、起源はヨーロッパのものだといっても、今では世界中にひろまっており、日本人の論理学者も、いくつか、重要な貢献をしているのが、今日の論理学である。

さて、ヨーロッパの論理学のまとまった教科書で、今残っている最古のものは、古代ギリシャの哲学者、アリストテレスの書いたものである。これは、これほどの昔に書かれたものとしては、大変よくととのっているものであり、後世に大きな影響を与えた。彼の後、いくつか、重要な発展もないことはなかったのだが、十九世紀の前半まで、大筋においては、アリストテレスの考え方の枠のなかで、論理学は、教えられ、研究されていた、といわれるぐらい、アリストテレスの影響は大きかったようである。

十九世紀の後半になり、解析学の厳密化といわれる数学での新しい傾向が生じた。これは、ニュートンやライプニッツ以来の微分積分学、およびこれに関連した分野での論証が、大胆な直観にたよりすぎて、論証や定義に、厳密さがかけるところがあったのを反省し、論理的にすきのないかたちに、これらの分野の理論を、編成しなおそうという傾向である。このおかげで数学の概念のあいだの関連がはっきりしてきた上に、数学でつかうことのできる論証の構造などについてもくわしいことがわかってきた。

また、これとは一応独立に、今までのアリストテレス的な論理学は、数学でつかわれる論証の構造を分析するのには、どうも不十分ではないか、と感ずる人達により、論理学を拡張しようとする動きが出てきていた。

これらの動きにややおくれて、前にのべたように、カントルが、集合論を始め、数学の全体を統一的にながめるための道をひらこうとしていた。

これらの動きの影響を受け、また、逆に、そういった動きに影響を与えながら、一八七〇年代から、論理学の大革新が始まった。この革新に貢献した人々の中で、特に有名なのは、フレーゲ、ペアノ、ヒルベルト、ラッセル、ワイトヘッド、などである。

この革新以後の論理学が、現代論理学である。それまでの、アリストテレス的な論理学は、「伝統的論理学」とよばれる。

この二つの論理学の対比は、時には、きわめていちじるしいものにみえる。そのため、現代論理学のことを「非アリストテレス論理学」などと呼ぶ人がいるが、これは、必ずしも適切な名前であるとは思われない。なぜなら、伝統的論理学の成果のなかで、現代的な意義のあるものはすべて、現代論理学の中に吸収されているからであり、したがって、二つの論理学は、排斥しあう関係ではなく、一方が他方の発展であるという関係にあるからである。ただ、十九世紀後半以来の発展があまりにめざましいものであったので、これに「革新」という名前が与えられているにすぎない。

また、現代論理学のことを、「数理論理学」「数学的論理学」と呼ぶ人もいるが、これも誤解をよびやすい名前である。つまり、こういう名前のおかげで、「現代論理学は、数学の論証の分析に役立つだけのせまい論理学であり、論証一般の構造を知るには、伝統的論理学によらなくてはならない」などと考える人が、往々にしているからである。

たしかに、現代論理学はさきほどのべたように、数学界での新しい動きをきっかけの一つとして生じたものであり、現在でも、数学と関係の深い学問である。しかし、だからといって、数学以外の分野の論証の分析にあたって無力だということにはならない。実際には、数学での論証の方法は、ほかの学問や、日常生活での論証の方法をふくんだ上で、さらにいっそう広いものである。だから、この方法を分析しておけば、論証一般の構造をしらべたことになるのである。また、現代論理学は、数学以外の分野での論証を実際に分析してみせることにより、その一般性を実証している。くり返していうが、現代論理学は、伝統的論理学が発展したものであり、したがって伝統的論理学の成果をその中につつみこみ、かつ、伝統的論理学よりはずっと広い範囲のことがらをあつかう論理学なのである。

不幸なことに、我が国では、歴史的な事情で、中年以上の人の中には、論理学については伝統的論理学の教育しか受けていない人が多い。また、現代論理学の尖端の部分は、かなり技術的なものになっているので、しろうとにはとりつきにくい。こんなことが原因になってか、現代論理学はなじみにくいと考える人も多いようである。

しかし、基礎的な部分についていえば、現代論理学は、大変やさしいものである。入門するのにこれほどやさしい学問は、ほかにはあるまいと思われるほどである。そうして、この基礎的な部分をもとにして理解できる成果の中には、遠からず、すべての人の常識になってよいと考えられるものが、数多くふくまれている。以下の叙述は、この基礎的な部分に話をかぎったから、この本を読むことがきっかけになって論理学に親しみをおぼえる人がふえれば幸いと考えている。

なお、現代論理学は、種々の便宜のため、多くの記号をつかうのを特色とし、そのため「記号論理学」と呼ばれることもあるぐらいである。しかし、この本の読者の中には、記号には抵抗を感ずる人もかなりいると考えられるので、ここでは、記号をつかうことは、極力さけている。

二　論証の正しさ

論証が正しいといわれるのは、前提がなりたてば結論もなりたつときである。たとえば、

　煙があれば火がある
　煙がある
　だから火がある

という、インドの論理学で、論証の例としてよくあげられている論証をとってみよう。これは、

　火のないところに煙はたたない
　煙がみえている
　だからどこかで火が燃えているにちがいない

とでも書いた方が、もっと自然なかたちにみえる論証であるが、今は話をわかりやすくするために、わざと、生硬なかたちで書いた。

　これは、正しい論証である。つまり、第一行の前提と第二行の前提がなりたてば、第三行の結論がなりたつからである。しかし、この論証が正しいということと、その前提が正しいということとは、また別のことである。

禁煙したい人のためのパイプで、中に煙草ならぬ、ある種の薬品がつまっており、これを吸って息を吐けば、一種の煙がたちのぼるものがある。この時、マッチやライターで火をつける必要はない。これを、販売元は、「火のないところに煙がたつ」というキャッチフレーズで売っていた。こういう例をみれば、この論証の第一前提は必ずしも正しくはないということになる。それでも、この論証は、「前提がなりたつかぎり、結論もなりたつ」という意味で、正しい論証なのである。

また、

火があれば煙がある
煙がある
だから火がある

という論証は、さきほどの論証によく似ているが、正しくない論証である。すなわち、「火があれば煙がある」という前提は、まず、一般的に正しいものといってよいだろう。また、今、煙がみえているとすれば、第二前提も正しくなる。しかし、その煙が、例の禁煙パイプの煙だったとしたら、結論の、「火がある」ということは正しくなくなる。だから、この論証は、前提が二つとも正しいにかかわらず、結論がなりたたない場合があるという意味で、正しくない論証なのである。

要するに、論証の正しさというものは、前提の正しさとは、一応独立のものである。だからこそ、論証をつかって、人をやりこめることもできるのである。つまり、相手の主張を前提にすればつじつまのあわないことが出てくることを論証によって示すことによって、相手の主張をしりぞけることもできるのである。これは、探偵小説で、民間の名探偵が、警察側の犯人推定がまちがっていることを示す時などによくつかう論法で、「帰謬法」といわれる。この時、矛盾をひきだすまでの論証の前提には、相手の主張、つまり正しくない主張、がふくまれている。それでも、論証そのものは正しくなければならない。もし、この論証にきずがあって、警察側の主張から矛盾は出てこないことが明かになったとしたら、今度は名探偵の方がやっつけられる側にまわることになる。

三　「発見の論理学」

もっとも、警察の主張から矛盾が出てこないからといって、その主張が正しいということには、必ずしもならない。矛盾がないということは、くわしくいえば、捜査のその段階で証拠としてみとめられているものと矛盾しないということである。だから、その後、新しい証拠が出てくれば、その主張はくつがえされるかも知れない。

このように、論証は、一つの主張を否定する時には、きわめて有力な武器になりうるし、また、前提が正しい時には、それから多くの正しい結論をひき出すことにより、知識をひろめるための効果的な手段になる。しかし、論証だけでは、一つの文の正しさを決定的に示すことはできないことが多い。そこで、文の正しさがどうやって知られるかを、一般的な見地から論じようとする時には、論証以外の手続きにも眼を向けることが必要になる。

昔から、文の正しさを知る手続きのことをくわしくしらべると、その手続きの一般的な形式ともいうべきものがとりだせるのではないかと考えた人がいた。そうして、こういう形式がとりだせたと仮定して、その形式を整理分類し、そのあいだの関係をしらべる分野のことを、「発見の論理学」と名づける人もいる。

しかし、実際に、さまざまの分野で、ものごとを知るためにつかっている手続きをしらべると、そのかたちは、千差万別であり、そこから、統一的な形式をとりだすことは、まずできない相談だということがわかる。いわば「発見の論理学」は、まぼろしの学問だといってよいであろう。

これに反し、論証の方は、うまく整理すると、かなり統一的に、その構造がつかめる。だからこそ、論理学という学問が、昔からあったのである。もっとも、これも、実際に、論証を数多く分析してみてわかったことである。その意味で、論理学は、経験的な学問である。たとえばインドの論理学は、宗教的な問題で論争をかさねていた人達が、論争でつかわれている論証に、いくつかの型があることに気づいたために、おこった学問ではないかといわれている。ヨーロッパの論理学がおこったきっかけは明かではないが、やはり、論証の実例についての経験のつみ重ねがその背後にあったと思わせる事情はいくつもある。十九世紀後半以後の現代論理学では、もちろん、実例についてその成果をたしかめるということがたえまなくおこなわれている。したがって、将来、現代の論理学ではカバーできないが、しかも正しい論証と思われるものが、みつかるかも知れないという可能性を、現代の論理学者はみとめているのである。似たようなことが、伝統的論理学から現代論理学への脱皮をうながした状況として、すでにおこっているから、なおさら、この可能性のことは、強く意識されている。しかし、みとおしとしては、当分のあいだは、現代論理学が用意している形式だけで、論証の構造の分析には十分であろうと考えられている。

なお、分野をせまくかぎれば、「発見の論理学」に似たものも成立しうる。たとえば、ある範囲内の統計的な推論は、統一的な見地から、その形式を整理分類することができる。その結果が、「統計の論理」などといわれることもある。もっとも、これは、正しい文というよりも、確からしい文を知るための手続きの形式をまとめたものである。

四　論理的真理

真理といわれる文の多くは経験をつまなくてはその正しさがわからないものである。人生についての知恵などと呼ばれているものは、その代表的なものであって、老人がいくら口をすっぱくしてそのことを説いても、経験をつんでいない若者は、なかなか、それを受けいれようとはしない。年をとって始めてその正しさが身にしみてわかり、今は亡くなってしまっているその老人のことをなつかしく思い出したりするものである。

自然科学で知られていることがらの多くも、経験によって始めて知られたことだといってよいであろう。

ところが、

「明日雨が降るか明日雨が降らないかのどちらかである」

ということは、経験によらずにわかることである。この時、「明日雨が降らない」ということは、必ずしも「明日は晴れる」ということではない。明日、曇っただけで雨が降らなければ、やっぱり、明日は雨が降らないことになる。また、万一、地球が今日なくなってしまい、したがって明日という日も来ないことになったとしても、「明日雨が降る」ということがおきなかったことにはなる。このような広い意味に、「明日雨が降らない」という文をとることにすれば、

「明日雨が降るか明日雨が降らないかのどちらかである」

という文は、正しい文であり、しかも、その正しさは明日になってその日の天気を経験してみるということをしないでも、その正しさがわかるものである。

このような文のことを、「論理的真理」という。

さて、この文は、AかAではないかのどちらかであるという形式にはまっている。つまり、この形式のAのところに、「明日雨が降る」という文を代入すると、さきほどの文と同じ意味の文ができる。そうして、この形式のAのところに、任意のほかの文を代入しても、つねに、正しい文がえられる。もっとも「Aではない」の「A」に「明日雨が降る」を代入すると、「明日雨が降るではない」と、変な文ができるから、この時は「明日雨が降るのではない」と、「の」をはさまなくてはならない。要するに、「Aではない」は、「A」のところに代入される文否定をつくった結果をあらわすための形式である。

たとえば、

「この犬はテリヤであるか、この犬はテリヤであるということはないかのどちらかである」

「この数は奇数であるか、この数は奇数であるのではないかのどちらかである」

などという文は、いずれも、この形式にはまる文である。

論理的真理というのは、このような形式から見られる文であるといってよい。つまり、その文がこのような形式にはまることがわかりさえすれば、あとは別に何も経験しなくとも、その文が正しいことがわかる文なのである。また、このような形式のことを、「論理的に正しい文の形式」という。

論理学は、論理的に正しい文の形式がどのようなものか、ということも研究する。

五　論証と論理的真理

正しい論証と、論理的な真理とのあいだには、密接な関係がある。たとえば、さきほどの、

煙があれば火がある
煙がある
だから火がある

という論証は、

AならB
A
だからB

という形式の「A」のところに「煙がある」、Bのところに「火がある」を代入してえられる論証と、実質的に同じ論証である。そうして、この形式の、A、B、のところに、任意の他の文を代入しても、つねに正しい論証がえられる。この意味で、この形式を、「正しい論証の形式」という。さて、この形式から、

（AならBで、A）ならB

という形式をつくる。この形式のA、Bのところに、任意の文を代入すると、つねに正し

い文がえられる。つまり、この形式は、論理的に正しい文の形式である。

このように、正しい論証の形式から、論理的に正しい文の形式がえられる。また、逆に、論理的に正しい文の形式から、正しい論証の形式がえられることも多い。

論理学で論証の構造を研究する時の重要な仕事の一つは、正しい論証の形式を整理分類することである。このことがまた、論理的に正しい文の形式をしらべることに役立つことは、今のべたことから明かであろう。

六　推論

今までにあげた論証の二つの例のうち、一つは正しく、一つは正しくないものだった。しかし、両方とも、前提が二つで結論が一つというごく短い論証で、前提から結論が出るかどうかも、たやすくたしかめられるようなものだった。このような、ごく短い論証のことを、「推論」という。

論証には、前提の数も多く、そのみちすじもながく、一眼でその正しさをたしかめることとは大変むずかしいようなものもある。しかし、そういう論証も、結局は、推論のつみ重ねのかたちに分析できるものである。そこで、ながい論証の正しさは、その部分になっている推論の一つ一つが正しいものかどうか、によってきまってくるのである。

また、論証の形式は、結局、推論の形式のつみ重ねのかたちに表現できるのである。

七　命題論理学

AならB
A
だからB

という推論の形式は、「A」「B」という、任意の文を代入すべき文字と、「なら」「だから」ということばをつかってあらわされている。最後の行はいつも結論をあらわし、ほかの行は前提をあらわす、という約束をしておけば、「だから」の文字をはぶいて、

AならB
A
B

としてもよい。また、

Aなら（BでBではない）
Aではない

という推論の形式は、Aから矛盾が出てくるから、Aを否定するという推論の形式である。

つまり、帰謬法の最後に出てくる推論の形式で、これ自身も「帰謬法」とよばれる。この形式は、「A」「B」「なら」のほかに、「で」と「ではない」をつかっている。これも正しい形式である。

AならB
BならA

は、正しくない推論の形式であるが、この形式の推論はうっかりするとつかってしまうものである。たとえば、

火事なら空が赤くなる
だから空が赤ければ火事だ

という推論は、夕焼で空が赤くなることを考えればまちがった推論だということがすぐわかるものであるが、あわてている時には、こんな推論をする時がある。「逆は必ずしも真ならず」というのは、こういうまちがいをおかさないようにといういましめの文句である。

AかB
AならC
BならC
C

という形式には、新しく「C」と「か」が登場している。これも正しい形式である。

ＡかＢ
Ａではない
Ｂ

これも正しい形式で、「Ａ」「Ｂ」「か」「ではない」をつかってあらわされている。

以上の例のような論証の形式、くわしくいうと、「Ａ」「Ｂ」「Ｃ」等の、任意の文を代入すべき文字（こういう文字を「文変項」という）と、「で」「ではない」「か」「なら」とをつかってあらわされる論証の形式、および、文の形式、を研究する論理学の分野を、「命題論理学」という。

ＡかＢ

ということは、「ＡとＢとのうち、少くともどちらか一方が成立している。両方とも成立しているかも知れない」ということである。もう少しくわしくいうと、

Ａがなりたっていて、Ｂがなりたっていない時には、「ＡかＢ」は正しい文になり、
Ｂがなりたっていて、Ａがなりたっていない時にも、「ＡかＢ」は正しい文になり、
ＡとＢとの両方がなりたっていても「ＡかＢ」は正しい文になる

と、「か」ということばのつかい方を約束しておくことにする。日常生活のことばに登場する「か」には、たしかにこの用法がある。

「あの人はアメリカ人か、イギリス人かだ」

という文は、ながくかつ多少不自然ないい方になるのをいとわずにいいなおせば、

「あの人はアメリカ人であるか、あの人はイギリス人かである」

という文になる。「あの人」が二重国籍者であれば、この文は、AもBもともに成立している時のAかBという形式にはまっていることになる。

「死ぬか生きるかだ」

などという時の「か」は、排斥しあう場合をならべる役目をしているので、この「か」の用法は、ここで約束した用法とはちがう。もっとも、ここの約束にしたがう用法での「か」をつかっても、

「死ぬか生きるかで、（死んで生きる）ではない」

とすれば、同じ意味をあらわせる。つまり、

AかBで、（AでB）ではない

と、「で」と「ではない」ということばをつかって別の形式を書きくわえれば、両立しない二つの場合をのべている「か」の用法もあらわせる。

とにかく、現代論理学では、二つの文をつなぐ「か」ということば（あるいはそれにあたる記号）は、今のべた用法にしたがうものと約束するのがふつうである。

さて、そうすると、

AかB

ということは、
（（Aではない）で（Bではない））ではない
ということと同じことになる。つまり、ながくなるのをいとわなければ、
AかB
という形式は、「で」と「ではない」をつかってあらわせるのである。また、
AならB
は、
（Aではない）かB
というのと同じことで、これは今のべたことをつかえば結局、
（（Aではない）で（Bではない））ではない
というのと同じことになる。
こういうことを考えると、「命題論理学」の定義を、もう少し短くして、「文変項および、「で」と「ではない」とをつかってあらわされる論証および文の形式を研究する論理学の分野」とすることもできる。

八　推論の形式

（形式的なことにたちいりたくない人は、この節はとばしてもよい）

命題論理学でしらべられている、正しい推論の形式を、多少、系統的にのべてみよう。

まず、推論は、論証の途中でもちいられるものである。論証の各段階では、多くのことが仮定されているのがふつうであるから、

AならB
A
B

という形式に、その段階での仮定をあらわすC_1、……、C_n、D_1、……、D_m等の文字をつけかえて、

（C_1、……、C_n）なら（AならB）
（D_1、……、D_m）ならA
（（C_1、……、C_n）で（D_1で……、D_m））ならB

としておく方が、一般的であろう。つまり、この推論の二つの前提は、それぞれ、それまでの論証によってえられている段階、つまり、

C_1、……、C_nという仮定のもとで、AならBがなりたつことがたしかめられた段階
D_1、……、D_mという仮定のもとで、Aがなりたつことがたしかめられた段階をあらわしている。また結論は、

C_1、……、C_n、D_1、……、D_mという仮定のもとでBがなりたつ

ことをいう段階をあらわす。前の二つの段階から、この段階にうつる推論が正しい推論であることは明かであろう。

この形式を、もっと簡単に、

(C_1、……、C_n) なら (AならB)

(D_1、……、D_m) ならA

(C_1、……、C_n、D_1、……、D_m) ならB

とあらわすことにする。nやmは、任意の自然数とする。特に、nやmが零の場合には、何も書かないことをあらわすものとする。つまり、

(C_0) なら (AならB)

(D_0) ならA

(C_0、D_0) ならB

と書けば、

AならB

A

B

と同じことをあらわしているものと約束するのである。こうすれば、一般的な形式のなかに、始めの形式もふくませることができる。

さて、

（C_1、……、C_n）ならA

という形式の段階まで論証がすすんできた時、C_1、……、C_nの中に、同じものがいくつかダブってあらわれていたとする。その時は、ダブっているものをはぶいてもよい。たとえば、

C_1、C_1、C_1、C_2、C_3、C_3ならA

から、

C_1、C_1、C_2、C_3ならA

にうつってもよく、さらに、

C_1、C_2、C_3ならA

にうつってもよい。また、C_1、……、C_nの順序はいれかえてもよい。たとえば、

C_1、C_2、C_3ならA

から、

C_2、C_3、C_1ならA

にうつってもよい。さらに、余計な仮定を、C_1、……、C_nにつけ加えることも許される。たとえば、

C_1、C_2、C_3ならA

から

D_1、C_1、C_2、C_3、D_2ならA

にうつってもよい。こういった推論の形式は、一まとめにして、

「C_1、……、C_nという列の項になっている文が、少くとも一度は、D_1、……、D_mという列の項として登場している時、

C_1、……、C_nならA

D_1、……、D_mならA」

というかたちで表現できる。この形式を、「水まし」と呼ぶ。これは、特に、余計な仮定をつけ加える時の操作が、酒を水ましする時の操作に似ているところからつけた名前である。これが正しい形式であることは明かだろう。

つぎに、

AでB

という形式の文を、「AとBとの連言」というが、この連言に関する推論の正しい形式としては、まず、「むすび」という名の形式、

（C_1、……、C_n）ならA

（D_1、……、D_m）ならB

（C_1、……、C_n、D_1、……、D_m）なら（AでB）

ならびに、

「きりはなし」という名の二つの形式、

(C_1、……、C_n)なら(AでB)

(C_1、……、C_n)ならA

および、

(C_1、……、C_n)なら(AでB)

(C_1、……、C_n)ならB

をあげておく。

否定に関する推論の形では、

(C_1、……、C_n、A)なら(Bで(Bではない))

(C_1、……、C_n)なら(Aではない)

と、

(C_1、……、C_n)なら((Aではない)ではない)

(C_1、……、C_n)ならA

とをあげておく。前者は前に帰謬法と呼んだ推論の形式の一般化だから、これも「帰謬法」とよんでおこう。後者は、二重否定をもとに返す推論の形式であるから、「もどし」とよぶことにする。

以上の推論の形式がみな正しい形式であることも、すぐにわかることと思う。

　ＡかＢ

という形式の文を、「ＡとＢとの選言」、

　ＡならＢ

という形式の文を、「ＡからＢへの仮言」と呼ぶ。選言や仮言に関する正しい推論の形式も研究されているが、これは、

　ＡかＢ

が、

　（（Ａではない）で（Ｂではない））ではない、

　ＡならＢ

が、

　（（（Ａではない）ではない）で（Ｂではない））ではない

に書きかえられることを利用すると、連言と否定とに関する推論の形式のつみ重ねのかたちに書きかえることができるものであるから、ここではたちいらないことにする。

九　トートロジー

AならA

という形式の文は、Aのところに任意の文を代入した時、つねに正しい文となる。すなわち、この形式は、論理的に正しい文の形式である。このことは明かであろう。この形式の文のことを、「同一律」という。

同一律は、論証のどの段階でも、無条件に成立しているものとしてよい。そこで、つぎのような論証の形式を考えてみよう。

「最初の段階は、つねに同一律である。

ほかの段階は、同一律か、さもなければ、それに先行する段階から、水まし、むすび、きりはなし、帰謬法、もどし、のいずれかの推論によってえられた段階ばかりである」

こういう形式にはまる論証がつねに正しい論証であることは明かであろう。命題論理学の範囲内であつかう正しい論証は、みなこの形式にあてはまる論証あるいはそういう論証にひきもどせる論証である。こういう論証のことを、「M論証」と呼ぶことにしよう。

M論証の形式の結論の段階になっている文の形式は、すべて論理的に正しい文の形式である。くわしくいうと、

文変項と、「で」「ではない」「か」「なら」とだけをつかって書かれる形式で、文変項のところに任意の文を代入した時、つねに正しい文を生み出す形式

である。こういう形式、およびこの形式にはまる文のことを、「トートロジー」という。

逆にまた、トートロジーは、すべて、M論証の形式の結論の段階にくる形式（の文）ばかりであることが証明される。この事実をのべた、論理学上の定理を、「命題論理の完全性定理」という。

さらに、ここに、文変項と、「で」「ではない」「か」「なら」だけをつかって書かれた、文の形式が一つあったとする。それが、トートロジーであるかどうかは、これを結論の段階に持っているM論証の形式がみつかればはっきりする。しかし、そういうものをさがさなくとも、これがトートロジーであるかどうかを判定するための一定の計算手続き、いわゆるアルゴリズムがあるのである。だから、たとえばコンピューターにこの判定をさせるためのプログラムを書くこともできるのである。

十　三段論法

伝統的論理学では、前提が二つ、結論が一つ、あわせて三つの段階からなる推論の形式を研究した。こういう推論を、三段論法という。

たとえば、

AかB

Aではない

B

は、「選言三段論法」とよばれるものの形式の一例である。

AならB

Bではない

Aではない

は、「仮言三段論法」とよばれる推論の形式の一例である。

また、

AかB

（AならC）で（BならC）

C

は、「両刀論法」とよばれる推論の形式の一例である。

これらがみな正しい推論の形式であることは明かであろう。そうして、これらはみな、命題論理学が研究している推論の形式の中に入るものばかりである。

伝統的論理学が研究した三段論法には、このほかに、「定言三段論法」といわれるものがある。これは、前提も、結論も、定言文である推論である。この三段論法も、命題論理学の範囲であつかうこともできる。しかし、これを現代論理学にくみいれることは、命題論理学よりはもう少しすすんだ段階でおこなった方が、より自然であるので、定言三段論法については、もう少し後になってからふれることにしよう。

十一　性質と関係

唯名論者は、個物しか存在しないと主張するが、個物にさまざまな性質があることを、もちろん否定するわけではない。たとえば、眼前にある一輪の花といったものは、よく、個物（体）の例にあげられるが、その花が赤いなら赤いという性質を持っていることは、唯名論者も否定はしない。逆にいえば、何の性質もない個物というものを考えてみれば、それはおたがいに区別がつかない、まったく抽象的なものになってしまう。こういった、わけのわからない、個物だけが存在すると主張してみても、意味のあることをいったことにはならないであろう。

ただ、唯名論者がいいたいのは、「赤い」という形容詞を名詞化して「赤」ということばをつくったからといって、赤というものが、個々の個物をはなれて、ひとりだちで存在していないということなのである。たとえば、

　この花は赤い

という文を、

　この花は、赤いものの全体からなる集合に属する

という帰属文ととり、「赤いものの全体からなる集合」というものが、この花という個物と同じように存在すると考えることは、唯名論者にとっては、許されないことである。

そこで、唯名論者としては、「赤い」といった形容詞には、存在するものの名前になっている名詞とは、ちがった身分をあたえておくことがのぞましい。また、前には、帰属文の例にした、

この犬はテリヤである

という文も、むしろ、「テリヤである」という部分が、一つの性質をさしている形容詞の役をしているのだと考えた方がよいとするのが、唯名論者の立場である。

それから、

点A、B、Cは、同一平面上にある

という文も、ふつうは、「平面」ということばが、点の集合の種類をさすものだとうけとるのであるが、唯名論的には、「同一平面上にある」ということば全体が、個物としての三つの点A、B、C、のあいだに一つの関係がなりたっていることをいっているものとうけとることになる。この場合にも、関係というものが、個物をはなれて、それ自体で一つのものとして存在していることは、否定される。

さて、関係は、二個以上のもののあいだになりたつものであり、性質は、一個のものについていわれるものである。しかし、この二つをまとめて、一般にn個のあいだになりた

つものとし、nが1の場合が性質で、nが2以上の場合が関係だということにしておくと何かと便利である。そこで、これからは、「関係」ということばの意味をひろめ、くわしくは「n項関係」とよび、nが1の場合が、性質で、nが2以上の場合が、これまでの意味での関係だということにしておこう。

そうして、n項関係をあらわす表現のことを、一般に、「述語」ということにする。今までの例でいえば、

赤い

テリヤである

同一平面上にある

は、いずれも、述語だということになる。

十二　基本文

そうすると、唯名論者が、意味のある文とみとめるもののうち、もっとも基本的な文の形式は、

a_1、a_2、……、a_nのあいだにRがなりたつ

というかたちになるだろう。ここで、「a_1」「a_2」……「a_n」は、それぞれ個物をさすこと

ばがそこに代入されるべき文字であり、これらを、「個体変項」という。Rは、述語が代入されるべき文字で、「述語変項」という。この形式のあてはまる文を、「基本文」という。

今までの例にでた、

この花は赤い
この犬はテリヤである
点A、B、Cは、同一平面上にある

はいずれも基本文である。

十三　複合文

いくつかの基本文から、否定や連言をつくる操作によって、もっとながい文をつくることができる。たとえば、

この花は赤いということはない
この花は赤くて、この犬はテリヤである

などが、その例になる。選言や、仮言も、否定と連言とのくみあわせによってできることから考えると、基本文を材料にしてできた選言や、仮言もこの仲間にいれてよい。

こうしてできた文に、さらに否定、連言、選言、仮言をつくる操作を、何回もほどこし

て、いっそう、複雑なかたちの文をつくることができる。こういった文を、「複合文」と呼ぶ。

さて、ここに一つの複合文があったとして、その形式が、

（a_1、a_2のあいだにRという関係がなりたつ）か（（a_1、a_2のあいだにRという関係がなりたつ）のではない）

というかたちだとする。この形式で、

a_1、a_2のあいだにRという関係がある

という文の形式を、文変項「A」でおきかえると、

（A）か（（A）ではない）

という形式になり、これはトートロジーである。

複合文が、このようにして、トートロジーの形式のあてはまる文なら、それが論理的真理であることは、明かだといってよいであろう。

十四　全称文

定言文は、集合の存在をみとめる実在論の立場にたつと、帰属文、包摂文、同一文、のどれかであると解釈される。しかし、唯名論的にいえば、「帰属文」といわれたものは、

むしろ、個物にある性質があることをあらわす文である。

ａはｂである

の形式にあてはまる文で、ａやｂのところに代入されるものが、個物の名前なら、これは個物の同一性をあらわしている文として、唯名論の立場からもみとめられる文となる。しかし、集合の名前が代入されたものは、そのままではみとめられない。また、包摂文は、集合のあいだの関係をあらわす文だから、やはり、唯名論者にはみとめられない。

では、

犬は動物である

という、前に包摂文ととられた文や、

人類とは、理性的な動物のことである

というような、哲学でしばしば論議のたねになり、集合の同一性をあらわすものととられやすい文は、唯名論の立場からはどういう解釈を受けるであろうか。こういった文をつかってコミュニケイションがおこなわれていることは事実であるようにみえるので、こういった文を無意味な文としてしりぞけることは、唯名論者にとって得策ではないであろう。

よくおこなわれる工夫は、

犬は動物である

という文を、

すべてのｘについて（ｘが犬であれば、ｘは動物である）

という意味の文だととることである。この文は、

この個物は犬である

この個物は動物である

という二つの文から、まず、「この個物」を、個体変項「ｘ」でおきかえて、

ｘは犬である

ｘは動物である

という形式をつくり、この二つから、

（ｘは犬である）なら（ｘは動物である）

という仮言の形式をつくり、最後に、その前に、

すべてのｘについて

をおいてえられた文であるとみることができる。

一般に、基本文か複合文を任意に一つとり、その中に登場する個体をさすことばを一つえらび、それが登場するすべてのところで、これを一つの個体変項でおきかえると、一つの文の形式ができる。この形式を、

——ｘ——

であらわす。つぎに、この形式の前に、

すべてのxについて

をおくと、

すべてのxについて（——x——）

という形式がえられる。この形式のあてはまる文のことを、「全称文」という。

全称文の中には、まだ、個物をさすことばがのこっているかも知れない。たとえば、

この花はあの花より白い

から、

xはあの花より白い

をつくり、これから全称文、

すべてのxについて（xはあの花より白い）

という全称文をつくれば、この中には、まだ、「あの花」ということばがのこっていて、これは、文脈によってきまる個物をさしている。こういったことばを、もう一度、さきのxとは別の個体変項yでおきかえて同じことをくり返せば、

すべてのyについて（すべてのxについて（xはyより白い））

という全称文ができる。

全称文の否定をつくることができるのももちろんのことである。たとえば、

（すべてのxについて（xはあの花より白い））ではない

がつくれる。実際には、「あの花」とされている花より白さがおとる花があることの方が多いから、その時には、この否定文の方が正しい文だということになるだろう。この文を、

すべてのxについて（（xはあの花より白い）ではない）

と混同しないようにしなくてはならない。こちらは、

（この花はあの花より白い）ではない

という否定文からつくられた全称文で、これは、あの花がどんな個物にもまして白いということをいっているので、前の否定文とは意味がちがう文である。

全称文とほかの文とで連言をつくることもできるし、仮言や選言をつくることもできる。こうした操作をくりかえしおこなうことにより、いくらでも複雑な文をつくることができる。

なお、

すべてのxについて（——x——）

という形式の全称文では、xという文字は、そこに任意の個物の名前を代入すべき場所ではない。たとえば、

すべてのxについて（xはあの花より白い）

は、文の形式ではなく、一つのきまった意味を持った文なのだから、そこに、個物をさす表現を代入することはできない。つまり、「x」という字は、

この花はあの花より白い

という文から、文の形式、

x はあの花より白い

をつくる時には、個体変項の役割をしているが、すすんで、

すべての x について（x はあの花より白い）

という全称文ができた段階では、もはや、個体変項の役割は果さなくなっている。このようなかたちで、全称文の中に登場する文字のことを、「しばり変項」という。つまり、「すべての」のつぎのところにもくる文字である。この区別をはっきりさせるために、この本では、文の形式をあらわす役割をしている個体変項には、a_1、a_2、a_3……等の文字、場合によっては、a、b、c、等の文字をつかい、しばり変項には、x_1、x_2、……、x、y、z、等の文字をつかっている。論理学の本によっては、このような文字のつかいわけはしないものもあるが、そういう本でも、文字の個体変項としての役割と、しばり変項としての役割とは、はっきり区別している。「しばり」ということばは、

a はあの花より白い

の a は、任意の個物の名が代入できるものだったのに、全称文、

すべての x について（x はあの花より白い）

となると、そういうことができなくなる。つまり、「x」は、「すべての」とむすびつくこ

とにより、形式の持っていた自由度をしばる役割をするところからきたことばである。

ともかく、全称文というものを考えれば、包摂文といわれているものの多くは、唯名論の立場からも許せる意味の文に解釈しなおすことができる。

集合の同一性をあらわすとみられた文は、包摂文とみられたものの連言ととればよい。すなわち、

人間とは理性的な動物のことである

は、まず、

（人間は理性的な動物である）で（理性的な動物は人間である）

のことだととり、さらにこれを、

（すべてのxについて（（xが人間である）なら（xは理性的な動物である）））で、（すべてのyについて（（yが理性的な動物である）なら（yは人間である）））

のことだととれば、集合の存在のことをいわずにすむ。

十五　開いた文

文の中にあらわれている、個物をさすことばのいくつかを、個体変項でおきかえると、文の形式ができる。たとえば、

この花はあの花より白くて、その犬はテリヤだ

から、

aはあの花より白くて、その犬はテリヤだ

や、

aはあの花より白くて、bはテリヤだ

や、

aはbより白くて、その犬はテリヤだ

や、

aはbより白くて、cはテリヤだ

などができる。こういう形式を、これから仲間にいれて、「開いた文」ということにしよう。今までの文のことを、開いた文から区別する時には、「閉じた文」ということもある。また、基本文からえられる開いた文のことも、「基本文」と呼ぶこともある。

十六　存在文

――a――

を、個体変項をふくむ一つの開いた文とすると、これから、

（――x――）をみたすxがある

というかたちの文をつくることができる。

たとえば、

この花はあの花より白い

から、

aはあの花より白い

をつくり、さらに、

（xはあの花より白い）をみたすxがある

をつくることができる。

このようにしてできる文のことを、「存在文」という。すぐわかるように、

（――x――）をみたすxがある

ということは、

（すべてのxについて（（――x――）ではない））ではない

ということと同じことである。だから、存在文の形式は、全称文の形式と否定文の形式との組合せによって表現できる。

十七　述語論理学

基本文から出発し、否定をつくる操作、連言をつくる操作、選言をつくる操作、仮言をつくる操作、開いた文をつくる操作、全称文をつくる操作、存在文をつくる操作を何度かくり返してえられる文の全体のことを、「叙述文」ということにしよう。

叙述文をつみ重ねてつくられる推論、そのような推論をつみ重ねてえられる論証、の形式を整理分類し、また、叙述文からえられる形式で、つねに正しい文を生ずるようなものは何か、をしらべる、論理学の分野を、「述語論理学」という。

述語論理学には、命題論理学の成果が利用できる。たとえば、命題論理学で正しい推論の形式とされる、

AならB

A

B

の、「A」と「B」とに、叙述文を代入すれば正しい推論ができる。一例として、

（この花が赤い）なら（この花は散りやすい）

この花は赤い

だから、この花は散りやすい

が、前提や性質が正しいかどうかとは独立に、正しい論証であることは、明かであろう。また、トートロジーの文変項に叙述文を代入すればつねに正しい文がえられることも、前にいった。

つまり、述語論理学では、命題論理学の成果はフルに利用する。その上で、命題論理学ではたちいれなかった、文のこまかい構造のこともあつかうのである。この意味で、述語論理学は、命題論理学をふくむ、より広い分野であるということができる。

定言文といわれたものを、叙述文の一種とみなすやり方がわかったので、定言三段論法も、述語論理学の範囲であつかうことができる。

たとえば、

ソクラテスは人間だ
人間はみな、いつかは死ぬものである
だから、ソクラテスも、いつかは死ぬ

という論証は、ヨーロッパの論理学では、定言三段論法の典型的な例として好んで引用されたものであるが、この推論で、「ソクラテス」が、個物をさし、「人間だ」や、「いつかは死ぬものだ」が述語であるととれば、この推論は、

aはRである
すべてのxについて（xがRである）なら（xはQである）

aはQである

という形式のあてはまる推論になる。ここでRやQは、性質をあらわすことばが代入されるべき述語変項である。そうして、この推論の形式が、正しい推論の形式であることは明かであろう。つまり、aに、任意の個物をさす特定の表現、RやQに、任意の述語が代入されると、つねに正しい推論が生ずるのである。

ここではくわしくはたちいらないが、一般に伝統的論理学でとりあつかった定言三段論法は、すべて、述語論理学による推論の整理分類によってカバーされるのである。そうして述語論理学のあつかう論証の範囲は、定言三段論法や、仮言三段論法、選言三段論法のくみあわせによってえられる論証の範囲よりは、はるかに広いのである。

しかも、この広範囲の論証の形式をあらわすのに必要な推論の形式は、ごくわずかです
む。すなわち、命題論理学でしらべた形式は、前にいったように、文変項のところに代入されるべき文がすべて叙述文であるととることにより、述語論理学の推論の形式になる。このほかには、

(C_1、C_2、……、C_n) なら (すべてのxについて (——x——))

(C_1、C_2、……、C_n) なら——a——

という形式と、

(C_1、C_2、……、C_n) なら (——a——)

(C_1、C_2、……、C_n)なら(すべてのxについて(――x――))という形式とだけあればよい。前者を、「ひらき」、後者を、「全称化」と呼ぶ。ここで、――a――は、個体変項aをふくむ開いた文の形式、――x――は、――a――のaをxでおきかえてえられる形式である。なお、全称化では、aは、C_1、……、C_nという文には登場してはならないものとしておく。

この二つの形式が正しい形式であることを示すのもそれほどむずかしいことではないが、この点についてのくわしいことは、論理学の本にゆずる。

十八　変域

述語論理学は、大方の唯名論者によってみとめられる論理学である。しかし、唯名論者のあいだでも、どの範囲のものまでを個物とみとめるか、ということについては、意見のちがいがある。

たとえば、感覚的にとらえられるものしかみとめない唯名論者は、物体しか、存在する個物としてはみとめない。一方、自然数、つまり、0、1、2、3、……といった数を、存在する個物としてみとめるが、数の集合の存在はみとめない唯名論者、すなわち、「数学的唯名論者」とよばれる人達もいる。感覚的なものしかみとめない人にとっては、数のような抽象的な個物の存在は、みとめられないのである。

また、感覚だけしか信用しない人の中には、物体の存在も、みとめない人がいる。たとえば、眼前の机といっても、みえているのは手前の方だけで、むこう側はみえていない。このような、みえていない面をそなえている物体の存在は、極端な感覚主義者には、みとめられないのである。彼らがみとめるものは、時々刻々変っていく、感覚の内容の存在だけである。このような個物は、しばしば、「感覚所与」とよばれる。

また、実在論者の多くは、普遍者の存在をみとめるのはもちろんだが、それと同時に、個物の存在もみとめることが多い。たとえば、個物としての物体の存在をみとめている実在論者は、少くないのである。こういう実在論者は、物体の存在だけをみとめる唯名論者とも、話をあわせることができる面を持っている。すなわち、物体とその性質や、そのあいだの関係についてだけ話をしているぶんには、そういう唯名論者と話をあわせることができるであろう。

こういうことを考えると、述語論理学のとりあつかう論証といっても、どの範囲までの個物を対象にしているのかは、文脈または、状況に応じて変ってくるということになる。そこで、述語論理学では、状況や文脈に応じて、個物の範囲を、その状況、または文脈における、「変域」と名づける。

たとえば、

すべてのxについて（xは偶数か奇数かである）

という全称文は、

aは偶数か奇数かである

という開いた文からつくられたものとみることができる。この開いた文の「a」のところに代入することに意味があるのは、整数だけである。無理数の名前、人名とか、鳥の名などを代入しても、無意味な表現ができるだけである。つまり、さきほどの全称文は、変域を整数の範囲ととる文脈で意味を持っているものなのである。

もっとも、

aがもし整数ならaは偶数か奇数かである

という開いた文をつくれば、この文のaには、どんな個物をさす表現を代入しても、意味はとおるということもできよう。たとえば、

源義経がもし整数なら、源義経は偶数か奇数かである

という文は、前半が実現されえない条件をのべているから、後半がナンセンスなことをいっているにせよ、全体として意味のある文、しかも正しい文となっているともいえるだろう。日常生活でも、よく、「石がうかべば木の葉がしずむ」などといって、実現されることのありえない条件のもとで空想的なことをのべることがある。

この工夫をつかえば、

すべてのxについて（xが整数である）なら（xは偶数か奇数かである）

というように、さきほどの全称文をあらためて、変域を、実数の範囲よりずっとひろく、あらゆる個物をふくむようにとることもできる。論理学では、この工夫をつかうこともないではない。

しかし、たとえば整数の存在しかみとめない唯名論者がいたとすれば、彼にとっては、

すべてのxについて

ということは、

すべての整数xについて

ということにほかならない。一方、もっと広い範囲の数、たとえば実数、のことを考える人も、

すべてのxについて

という表現ではじまる表現を、「変域は整数の範囲である」という了解のもとで読んでいれば、整数しかみとめない唯名論者と話をあわせることはできる。こういうことを考えれば、「変域」という概念が、中立的な話のためには、便利なものだといってよいであろう。

まとめていうと、述語論理学では、文脈に応じて、変域がきまるものと了解する。そこで、一つの文脈における変域を、Hとすれば、その文脈では、

すべてのxについて

で始まる全称文は、

Hのすべてのxについて

で始まったものととることにするのである。このHは、ごくせまい範囲でもよい。たとえば、

みんな、つかれている

という文は、ぎごちなくなるのをいとわなければ、

すべてのxについて（xはつかれている）

という全称文にかきなおせるが、この時の変域は、文脈によっては、ごく少人数の一家族だということも多いだろう。

極端な場合には、Hには、たった一つの個物しかないこともある。たとえば、絶滅に近くなっている種類の生物について話している時には、「すべて」ということばが、この生物だけからなる範囲をさしていて、しかも、この範囲には、実はたった一匹しか個体がいなかった、ということもありうるのである。

だが、変域に、一つも個物がないということは、述語論理学では、みとめない。そういう場合をみとめてしまうと、推論の形式を一般的にあらわすことが、めんどうになってしまうからである。また、実際に論証をおこなっている人は、少くとも一つはものが存在していると考えているのがふつうだから、変域には個物が少くとも一つあるとする約束は、

ごく自然なものといってよいであろう。

十九　いいかえ

では、変域としては、どこまでの範囲を考えるべきか。感覚所与だけか、物体もふくめるのか、さらに、さまざまな数も、存在する個物としてよろしいのか。

述語論理学は、直接には、この問題には答えない。この論争に決着をつけることは、むしろ、哲学の問題に属する、と考えておいた方が、さしあたりは無難であろう。

しかし、述語論理学は、個物をさすことばと述語とを、はっきり区別している。たとえば、

この花は白い

から、

（xは白い）をみたすxがある

にうつる推論を、述語論理学は、正しい推論としてみとめる。しかし、

（この花はx）をみたすxがある

にうつる推論はみとめない。「白い」は、変域にある個物をさすことばではないからである。いいかえれば、変域にあるもの、したがって個物、だけが存在するという立場をとっ

ている。ここに、述語論理学が、唯名論にふさわしい論理学だという理由がある。

しかし、少し考えてみると、この立場がつらぬけるかどうか、疑問にみえる場面がないではない。たとえば、物体、したがって天体、を存在する個物とみとめる唯名論の立場の人は、

火星には、二つの衛星がある

という文の意味を、どうとるであろうか。この「ある」は存在をあらわす「ある」だから、この文は、

（xは火星の二つである衛星である）という条件をみたすxがある

という叙述文だとしてみようか。「火星の衛星である」ということばは、天体の性質をさす述語ととることもできよう。しかし、「二つである」はどうなるだろう。これは、明かに、個々の衛星の性質ではない。むしろ、

aは火星の衛星である

という条件をみたすaの全体からなる集合の元の数が二だということをいっている表現ではないか。一般に、

n個である

という表現は、個物の性質ではなく、集合の性質をさしているものととるのが自然である。

たとえば、

四人家族である

という時には、四という数は、その家族の個々のメンバー、たとえば父や母や息子や娘の性質をあらわしているのではなく、その家族という集合の性質をあらわしているととるのが自然ではないだろうか。こういうことを考えれば、集合の存在をみとめない唯名論、したがってそれにふさわしい述語論理学、だけでは、日常よくつかわれる表現をふくむような論証は、十分に分析できないということになりはしないだろうか。

こういう反論に対して、ある程度までは、唯名論や述語論理学は、再反論ができるのである。それには、

aとbとは同じものである

の、「同じものである」が、一つの二項関係をあらわしていることに注目する。集合の存在をみとめる実在論では、同一文を帰属文をつかって分析したが、唯名論では、個物に関する同一文は、個物のあいだのもっとも基本的な関係としての同一関係をあらわし、これをほかの関係をつかって分析することはできないこととする。

さて、火星の衛星に関する文であるが、次の文、

((((xは火星の衛星である)で(yは火星の衛星である))で(xとyとは同じである)ではない))で(すべてのzについて((((zがxである)か(zがyである))ではない))なら((zは火星の衛星である)ではない))で((zはyである)で

はない)))をみたすyがある)をみたすxがある

は、大変ながく、こみいっていて、読みにくい文であるが、忍耐強く読みといていけば、結局、

火星には二つの衛星がある

というのと同じことをいいあらわしていることがある。しかも、このながたらしい文の方には、「二つの」ということばがない。だから、この文には、集合をさすことばも登場しない。

こうして、数の名が登場してくる文でも、その数が、零、または正の整数、をさしているかぎりは、数の名がない文に書きかえることができることが多い。すなわち、集合論のことばをつかっていえば、有限集合の範囲で話をしているかぎり、集合の存在を前提しないでも話ができることが多いのである。

こうして、一見、実在論を前提にしているようなもののいい方の中にも、述語論理学の方法をつかって、唯名論でみとめられるいい方に、いいかえることができるものが、かなりあるのである。これが、単なる「かなり」ではなく、「すべて」ではないかと予想した唯名論者もいた。特に、感覚所与しかみとめない唯名論者の中には、述語論理学をつかって、数学や自然科学、日常生活、に登場するすべての有意味な表現、を、感覚所与をさすことばと、感覚所与のあいだの関係をあらわす述語、だけでできた基本文、あるいは、そ

ういう基本文だけを出発点にとってできた叙述文、に書きかえることができると信じ、実際にこの書きかえの方法を一般的に示すための理論をつくろうとしたものもいた。しかし、今までのところ、そういうこころみは、ことごとく失敗に終っている。

二十　無限

その失敗の原因の一つは、物体についての話を、感覚所与についての話にひきもどそうとする時に出あう困難にあるように思われる。たとえば、眼前の花から受ける感覚的な印象を、もれなく色やかたち、におい等に関する述語だけでいいあらわそうとすると、無限に多くのことがいえるであろう。感覚所与しかみとめない唯名論者は、「この花」という、物体をさしている表現もことばのなかからおいだしてしまいたいので、

この花は赤い

というような文も、

((── x ──) で (xは赤い)) をみたすxがある

という文に書きかえたい。そこで (── x ──) のところに、この無数の感覚的印象をあらわす表現を代入しようとするが、それは、無数の開いた文をつらねたものとなり、述語論理学のあつかう文の範囲をこえてしまうのである。つまり、述語論理学のあつかう連言

は、あくまで、二つの文を「で」でつなぐという操作を、有限回だけおこなってえられるものにかぎられているからである。

物体の存在をみとめ、したがって、「この花」というような表現を、存在する個物をさすものとしてみとめる唯名論者にとっては、このような困難はない。

しかし、数学や自然科学でふつうみとめられている文では、数の無限集合を、存在しているものとしてあつかっている。たとえば、力学では、物体の運動の速度や加速度というものを考えるが、これは、実数からなる無限集合をもとにしてできる関数の概念があって始めて考えられる概念である。こういう文のすべてを、集合をみとめない立場からの文に書き直すことは、まずできない相談といってよいであろう。

二十一　恒真文

一つの閉じた文で、個物をさすことばをことごとく、個体変項でおきかえると、開いた文ができる。この開いた文の述語を、さらに、述語変項でおきかえると、叙述文の形式ができる。たとえば、

（この花は白い）か（（この花は白い）ではない）

から、

（aは白い）か（（aは白い）ではない）

をつくり、さらに、

（aはR）か（（aはR）ではない）

をつくることができる。この最後の形式については、変域を任意に一つ固定し、aに、その変域の任意の個物をさす表現を代入し、またRに、その変域の個物について考えられる任意の性質をあらわす述語を代入した時、つねに正しい文を生ずる

ということがらが成立する。このことは、こころみに、そういう代入例をいくつかつくってみれば、明かであろう。

一般に、個体変項および述語変項からなりたっている、文の形式で、任意の変域Hを一つ固定し、個体変項に、Hの任意の個物を代入し、述語変項に、Hに関する任意の述語を代入すると、つねに正しい文がえられる時、この形式を、「恒真文の形式」とよび、この形式にあてはまる文を、「恒真文」という。

叙述文でトートロジーであるものは、みな恒真文である。しかし、トートロジーではない恒真文もいくらでもある。たとえば、

すべてのxについて（（xは白い）か（（xは白い）ではない））

は、恒真文であることは明かであるが、トートロジーではない。これに対して、

（この花は白い）か（（この花は白い）ではない）

は、トートロジーである恒真文である。

二十二　論証

述語論理学がとりあつかう論証の形式は、M論証の形式を拡張したものである。すなわち、それはつぎのようにのべられるものである。

「最初の段階は、つねに、叙述文からできた同一律、すなわち、

AならA

の「A」に叙述文を代入してえられる文である。

ほかの段階は、そのような同一律か、さもなければ、それに先行する段階から、水まし、むすび、きりはなし、帰謬法、もどし、ひらき、全称化、のいずれかの推論によってえられた段階ばかりである」

この形式にはまる論証を、「P論証」という。P論証の最後の段階になる文がすべて恒真文であることは、比較的簡単にわかる。ところで、その逆もいえる。すなわち、恒真文はみな、あるP論証の最後の段階としてえられるものばかりなのである。

恒真文がすべてP論証によってえられるということは、きわめて重要なことがらである

が、このことが証明されたのは、それほど古いことではない。すなわち、西暦一九三〇年のことで、これを証明したのは、クルト・ゲーデルであった。この証明を理解するためには、多少、論理学を勉強しなくてはならない。

二十三　完全性定理

とにかく、証明ずみの、この重要なことがらをのべた文のことを、「述語論理学の完全性定理」という。命題論理学にも、完全性定理があったが、略して「完全性定理」とだけいう時には、この「述語論理学の完全性定理」のことをさすのがふつうである。

さて、この完全性定理を証明するためには、集合論の概念をある程度、つかうことが必要になってくる。つまり、述語論理学が分析の対象とする論証の方は、唯名論の立場からもみとめられる、集合の存在を仮定しない論証とみることができたのであるが、述語論理学のなかで証明される完全性定理の方は、集合の存在を必要としているのである。このことも、集合の存在をみとめる実在論に有利にはたらいている事実の一つである。

なお、今、述語論理学が研究対象としている論証と、述語論理学のなかでの論証とを区別した。これは、大事な区別である。たとえば、動物学でも、いろいろな論証がおこなわれるが、この論証は、動物学の研究対象である動物とは別ものであるから、両者を混同する人はいない。ところが、論理学は、研究対象も論証であるために、研究対象である論証と、この対象についての議論のなかでおこなわれる論証とが混同されやすい。そこで、後者を、「メタ論証」という。「メタ」は、ギリシャ語の、「について」という意味の前置詞からきたことばである。つまり、「論証についての諸論の中での論証」という意味である。メタ論証についての議論の中で論証がおこなわれれば、それは、メタメタ論証ということになる。

同様の意味で、完全性定理は、メタ定理の一種であるといわれる。論理学の研究対象になる論証の中でえられる定理と区別するためである。

二十四　決定問題

文変項と「で」、「ではない」とからくみたてられた形式がトートロジーであるかどうかは、機械的に判定する方法、つまり、アルゴリズムがあった。恒真文の形式についてはどうであろうか。

この問題に答えるためには、「機械的に判定する」ということばの意味をはっきりさせる必要がある。トートロジーの場合には、具体的にアルゴリズムをあたえることができたから、このことばの意味もはっきりしていた。ところが、恒真文の形式の場合には、なかなかアルゴリズムがみつからなかった。

そこで、西暦一九三六年から三七年にかけて、チャーチとテュアリングという二人の論理学者が、まず、アルゴリズムの一般的な概念をたてることをこころみた。その結果は、今では、大部分の論理学者によってみとめられているものである。この二人のアルゴリズムの概念を用いることにすれば、任意の形式が恒真であるかどうかを判定するプログラムをコンピューターのために書いてやることはできないということになる。この事実も述語論理学において厳密に証明されている。

もし反対だったらどうだろうか。数学における証明問題には、ある形式が恒真文の形式であるかどうかが判定できればとける問題であるものが多いから、数学者の仕事の大部分が、コンピューターにゆだねられるということになったであろう。もっともこの場合のコンピューターは、場合によっては目盛りがきわめて膨大なものでなくてはならなくなり、現実にはつくることができない場合もありうる。しかし、とにかく原理的に多くの証明問題を機械的にとくためにプログラムが書けるとすれば、認識の問題は、かなりの程度まで機械的な手続きの問題に還元できるということになったであろう。

しかし実際にはそうではないことがわかった。だからこのメタ定理は、認識論にとっても重要なふくみをもっているものである。

一般にある一群の問題をとくためのアルゴリズムがあるかどうかを問い、あるとすればそのアルゴリズムを具体的に提出することを求める問題を「決定問題」という。そうしてアルゴリズムがあることが示されれば、その決定問題は「肯定的にとけた」といい、アルゴリズムがありえないことが示されれば、その決定問題は「否定的にとかれた」という。述語論理学の決定問題は否定的にとかれたわけである。

もちろん決定問題の中には、肯定的にとかれているものもある。トートロジーの決定問題もその一例である。あるいは数の間の四則演算に関する決定問題も肯定的にとかれているものの例であるといってよいであろう。

二十五　定義

個物をさすことばのことを、「個体定項」という。固有名詞は、個体定項の例である。「この花」「あの犬」「その本」といったことば、つまり、普通名詞に「この」や「あの」、「その」をつけることによってえられる表現も、状況に応じて個体定項になる。文脈がちがえば、「この花」がさす花はかわってくるのはふつうであるが、一定の文脈では、それはきまっていると考えてよい。同名異人の例を考えれば、固有名詞にしても、さす対象は、文脈によってかわってくるのである。

「西暦一九七五年におけるイギリス女王」という表現も、特定の個人をさすから、物体を個物とみとめる立場でいえば、個体定項であるといってよい。

ところが、「西暦一九七五年におけるフランス女王」という表現は、これにあたる個人がいなかったから、十分な意味では個体定項とはいえない。しかし、政治制度にまったく無知で、フランスではまだ王制がおこなわれていると思いこんでいる人は、この表現を、個体定項ととりちがえるかも知れない。また、この表現が「西暦一九七五年におけるイギリス女王」という表現に似ていることにだまされて、これを、個体定項ととりちがえる人がいるかも知れない。

これは、わざとわかりやすい例を出したのであるが、こみいった局面では、ことばのひびきにつられて一つの表現を個体定項ととり、ありもしない個物があると思いこむことが実際に起りうるのである。たとえば、変死体がみつかると、「……殺人事件の犯人」ということばができ、多くの人は犯人である個人がいるように思いこんでしまうことがある。しかし、実はその変死は、自殺によったものであることもありうるし、また、殺人でも、多数の人間が犯人だということもありうるし、さらには、殺したのが、人間以外の動物だったということもありうるのである。

しかし、何かの理由で、一つの条件、

——a——

をみたす個物がちょうど一つしかないことがわかったとする。そうすれば、この条件をみたすただ一つの個物に名前をつけることができ、この名前は、十分な意味で、個体定項になるであろう。この名前が、たとえば「α」であるとすると、「α」をつかって、

――α――

という文を書くことは、

（――x――）という条件をみたすxがある

すべてのyについて（すべてのxについて（（――x――）で（――y――））なら、xとyとは同じである））

すべてのxについて（（――x――）なら、（――x――））

という三つの文の連言と実質的に同じ意味の文を書いていることになる。

つまり、この三つの文の連言は、「α」という個体定項をつかった文の意味をあらわしている文、すなわち、「α」の用法を定義している文になる。

あるいは、すべての人間という範囲を変域とする文脈で、

aは男で、bの親である

という開いた文を考えてみよう。このbのところに、特定の個人をさす個体定項を代入してみる。たとえば、

aは男で右大将道綱の親である

という表現をつくってみる。これは、個体変項としてaだけをふくむ、開いた文であり、

一つの条件をあらわしているものであるが、この文の「a」のところに、それをさす個物を代入した時、正しい文となるもの、つまり、この条件をみたす個物は、ちょうど一つしかない。このように、aによって一義的にきまってくる個物は、ふつう、

a の父

という表現であらわされる。これは、数学でいう関数の表現を一般化したものととることができよう。たとえば、

sin x

という関数表現は、xがきまれば一義的にきまる数をあらわす。この場合の変域は人間ではなく、実数である。

関数を一般化したものを、「写像」といい、たとえば「の父」のように、写像をあらわす表現を、「写像定項」というが、写像定項の定義も、個体定項の定義のやり方を一般化することによって、おこなうことができる。

このような定義の構造を一般的にしらべることも、述語論理学のしごとの一つである。

以上で、論理学の初歩的な部分についての、ごくあらましの説明を終ったことにし、次には、理論の構造およびこれと関連する哲学的な問題について少しのべることにしよう。

第四章　理論の構造

一　公理論

「理論」ということばは、さまざまな意味にもちいられるが、ここでは、まず、「論証でむすばれた文の体系」というほどの意味につかっておこう。

数学の理論といわれるものには、この意味での理論が多い。経験的な学問、たとえば自然科学では、論証だけではことがすまず、観察や実験によって一つの主張の正しさをたしかめる手続き、つまり、実証が必要である。しかし、実証でも、証拠から、主張をひきだす部分では、論証がつかわれる。だから、経験的な学問でも、部分、部分は、ここでいう意味の理論になっていることが多いと考えてよいであろう。

日常生活でも、一つのことがらについて、多くの論証がおこなわれることがあるが、その結果を整理してみれば、ここでいう意味の理論になることがよくあるのである。ふだんは、わざわざそのような整理をすることは少いけれども、時には、この整理のおかげで、人々の知っていることが組織づけられ、この組織化が、いろいろな用に役立つこともある。

さて、論証によって体系づけられている文の集まりを考えてみると、その文は、次の二種類にわかれる。

一、その理論のほかの文、あるいは、ほかのいくつかの文を前提とする論証があって、その結論となっているもの。

二、ほかの文や文の組からは論証されないもの。つまり、その理論では、無条件に前提とされているもの。

この後の方の種類の文を、その理論の「公理」という。

公理以外の文は、それを結論とする論証の前提がみな公理であることもあるが、また、公理ではない前提がまじっていることもあろう。その公理以外の前提は、また、ほかの文またはほかの文の組から論証されるのである。その前提の前提が公理ばかりである場合はそれでよいことにし、そうではない場合には、そのまた前提というようにさかのぼっていけば、いつかは公理に達するはずである。つまり、公理以外の文はすべて、窮極的には、公理だけを前提として論証されるものばかりである。

もっとくわしくいえば、このような二つの種類に、文がわかれているような、文のあつまりのことを、ここでは、「理論」とよぶことに約束するのである。理論の中で、公理ではない文のことを、「定理」とよぶ。論理学では、公理を、自分自身から論証されるものだとして定理の仲間にいれることもある。実際、

A　（前提）

A　（結論）

という推論の形式は、どんな場合でも正しい形式とみとめられるから、このように「定理」の意味をひろげておくと便利なこともある。しかし、ここでは、公理と定理は、区別しておくことにする。

定理の中には、公理にはでていないようなことばが登場しているため、ちょっとみただけでは、どうして定理が公理から論証されるのか、わからないことがある。しかし、こういう場合には、実は、理論には、ことばの定義がふくまれているのである。この定義を逆につかって、一つの定理の中に出てくる定義ずみのことばを一つ一つ消して行くと、その定理と同じ内容の文で、公理に出てくることばだけで書かれている文がえられる。この、書きかえずみの定理は、公理から論証されるものとなるのである。

だから、理論に登場することばも、次の二種類にわかれることになる。

一、ほかのことばをつかって定義されることば。

二、定義なしにつかわれていることば。

後の種類のことばを、「基本概念」といい、前の種類のことばを「派生概念」という。

一つの派生概念の定義には、ほかの派生概念がつかわれているかも知れない。しかし、理論では、定理の場合と同じように、定義を逆にたどることをつづければ、必ず、基本概念だけをもちいた定義にたどりつけるようになっているものとする。

こうして、理論は、整理すれば、つぎのようなものの組によって決定されるものだということになる。

一、ことばを定義するための手続き
二、基本概念
三、派生概念
四、論証の手続き
五、公理
六、定理

このうち、一、二、四、五、は、理論の展開の始めにあたって、あらかじめ提示しておくことができる。三や六は、無限に多くなりうる。たとえば、定義をつぎつぎと重ねて行くことにより、いくらでも派生概念をつくることができる。したがって、派生概念や定理をすべて、一挙に提示しておくことは、できない場合が多い。しかし、一、二、四、五、がきまれば、どういうことばが派生概念になり、どういう文が定理になるかは、潜在的には決定されるものとしてよいであろう。つまり、一、二、四、五、によって理論は決定されるのである。

このように整理されたかたちの理論を、「公理論」という。

二 「原論」

今残っている文献の中でもっとも古く、公理論を提示したものとして有名なのは、西暦紀元前四世紀から三世紀にかけて活躍していたとつたえられる、エウクレイデスがあらわした「原論」である。エウクレイデスは、日本では、英語読みの「ユークリッド」という名の方で知られている、古代ギリシャの数学者であり、ほかにも何冊か著作があるが、「原論」がもっとも有名である。

この「原論」は、整数論や無理数論もあつかっているが、特に、幾何学に関する叙述の部分が公理論的な構成になっている。すなわち、まず、第一巻図形に関する概念の定義から始まる。たとえば、

「直線とは自分自身の上に一様によこたわる線のことである」

といった定義が、いくつもあげられている。

次に、「公理」とよばれる文が五つ、「公準」とよばれる文が五つ、あげられているが、これらは、両方とも、ここでいう意味の公理の役割をはたすものである。

あとはこの定義と公理とだけにもとづいて、つぎつぎと定理が証明されて行く。また、あたえられた条件をみたす図形を作図する方法をもとめる問題、すなわち「作図題」とよばれる問題、の解法が、つぎつぎと示されて行くが、これは、その条件をみたす図形の存在を主張する文の証明とみることもできる。そうして、この作図題の解答にあたっても、公理と定義以外のものは前提されない。

第二巻以降では、定義は追加されるが、公理は、終始一貫第一巻にあげられているものだけだとされている。

基本概念が何であるかは、まとめてのべられてはいないけれども、定義の中に出てくることばで、それ自身の定義のないことばは、すべて、基本概念だとしてよいであろう。また、定義の一般的なパターンは、新しい概念をGとすると、

「Gとは、これこれしかじかのものである」

とのべるかたちのものであることが、定義の実例から察せられる。

論証の手続きについても明示はないが、定理や作図題の実例を整理してみれば、大体、述語論理学であつかう、正しい論証の形式にはまるもの、としてよいと思われる。

こうして、エウクレイデスの「原論」の幾何学的な部分は、多少の整理を加えることにより、公理論にしたてることができる。つまり、潜在的には、一つの公理論であるといってよい。

三　定理と経験

「原論」は、学問の理論の構成についての古典的な例をあたえているものとして、古くから尊重されてきた。たとえばニュートンも、その主著、「自然哲学の数学的原理」を、「原論」の体裁にならって書いている。また、方々の国で、ながいこと、「原論」、あるいはこれに多少の教育的配慮を加えて書き直したものが、中等教育で幾何学の教科書としてつかわれていた。ヨーロッパでは、エウクレイデス風の幾何学は、キリスト教の経典についで多くの人に読まれたものだといわれているが、日本では、旧約聖書や新約聖書は読んだことはないが、ユークリッド幾何学の本なら読んだことがある、という人の方が多いことと思う。

　さて、「原論」の定理には、たとえば、

「三角形の内角の和は二直角である」

というのがある。実際、紙の上にいくつか三角形を書き、それぞれの三つの角を分度器ではかり、その和を求めてみると、どの和も、大体、百八十度の近くになることがわかるであろう。このように、この定理の正しさは、経験的にたしかめてみることもできる。事実、エウクレイデスより前に、このことを経験的に知っていた人達がいたようである。

　しかし、紙の上に書ける三角形は、一度には、数個にすぎない。また、その大きさは、せいぜい、机の表面一ぱいぐらいのものである。しかし、三角形は無数にあるし、いくらでも大きな三角形がある。いくつかの三角形についてえられた結果だけをもとにして、すべての三角形についてこの定理がなりたつと主張するのは、不確かな類推にすぎないといえよう。たとえば日本に始めてきた人が、会った人がみな眼鏡をかけていたからといって、日本人はみな眼鏡をかけていると主張したとしたら、その主張はまちがっていることは、明かである。

けれども、この定理が公理から、正しい論証によって証明されたものであれば、そうしてもし公理が正しいものであるとすれば、この定理は正しいものとなる。つまり、無数の三角形について、その内角の和が二直角であるということが、一々、分度器などで角度をはからないでも、知られるのである。

公理からのこの定理の証明が正しいものであることは、「原論」あるいはこれにならって書かれた幾何学の教科書を読んだ人達が承認するところである。また、「原論」の公理の正しさも、多くの人が、自明のことだと考えた。つまり、公理をよみくだせば、それが図形について正しいことをのべている文であることは、直観的に明かなことだと思った人が多かったのである。

すなわち、わずか十個の公理の正しさは、直観的にたしかめられる。したがって、定理もすべて、平面図形、空間図形について正しいことをのべたものであることがわかる。いいいかえれば、わずか十回の直観をおこなえば、後は、論証のみを重ねることにより、無数に多くの図形についての無限に多くの事実を知ることができるということになるのである。そうして、紙の上に図形を実際に書いてみれば、その都度、定理が正しいことが、経験的にもたしかめられるのである。

四　想像的直観

しかし、実をいうと、たとえば紙の上に実際に書かれた三角形の場合、内角の和は、たしかに百八十度に近くはなるが、きっかり百八十度になることは、むしろまれである。百八十度になったという場合でも、分度器の誤差や、角度をはかる人の眼の性能などを考えると、正確に百八十度だったかどうかは疑えば疑える。

ところが、定理の方は、つねに内角の和が正確に百八十度になることを主張している。和がどんなに百八十度に近かろうと、百八十度未満であれば、あるいは、百八十度を少しでもこえていれば、経験的な結果と、定理とはくいちがうことになる。つまり、定理は、経験的には、正しくない文だということになりはしないだろうか。そうだとすれば、公理も正しくないことになりはしないだろうか。

この疑問に対しては、よく、つぎのような説明がおこなわれる。

「エウクレイデスの『原論』でいう三角形とは、三本の直線でかこまれた平面図形であり、直線は特に、まっすぐなものであり、はばのないものである。ところが、紙の上に書いた三角形の辺は、仮に、どんなに鉛筆をとがらせて書いたにしろ、はばはあるものである。また、よい定規をつかっても、その辺が完全にまっすぐだとはかぎらない。顕微鏡でみれば、多少の凸凹はあるのがわかるだろう。また、机の表面がみた眼にはなめらかでも、そこにも、実際には多少の凹凸はあるはずである。だから、その上にのべた紙も、ほんとうの平面にはなっていないだろう。つまり、現実に紙の上に書かれた三角形は、厳密な意味では、エウクレイデスの『原論』の定理でいっている三角形ではない。だから、定理と、経験とが、くいちがうのは当然である。

しかし、現実に紙に書かれた三角形と、『原論』でいう三角形とは、まったく無関係ではない。辺がかぎりなく細く、またその凹凸がまったくなく、完全に平らな面の上に書かれた三角形というものを、紙の上に書かれた三角形を手がかりにして想像することはできよう。そうして、紙の上に書かれた三角形は、この想像上の三角形に、多かれ少かれ近似的なものだということはいえる。たとえば、同様に、紙の上に実際に書かれた円と、完全な平面の上に書かれた完全にまんまるな、想像上の円とを考えることはできるが、書かれた三角形は、想像上の円よりは、想像上の三角形の方に似ているし、書かれた円は逆に、想像上の三角形よりは、想像上の円の方に近い。この近似性のおかげで、定理は、紙の上に書かれた図形についても、近似的になりたつのである。

また、公理の正しさは、どのようにして直観されるか。その中に出てくる『点』『線』『角』といったことばは、やはり、想像上の図形である。紙に書かれた点や線や角を手がかりにしてそういう図形を想像すると、公理の正しいことが直観されるのである。

定理の中には、かなり複雑な図形についてのべているものがある。そういうものが正しいかどうかを、想像上の図形につき、直観によりたしかめるのはむずかしいことである。しかし、公理の正しいことがわかっていて、定理はその公理を前提とする正しい論証の結論である以上、そういった複雑な図形についても定理が正しいことは、たしかなことといってよいであろう。また、紙の上に、その想像上の複雑な図形に対応する図形を書くことにより、定理が、現実の図形についても近似的になりたつことをたしかめることができる」

こういった説明に出てくる、想像上の図形は、肉眼ではみることのできないものである。しかし、「想像」ということばが、「像《すがた》を想う」とよめることからもわかるように、この説明では、そういった図形を想いえがく能力が人間にあることをみとめている。この想像上の図形は、現実の空間のどこにあるともいえず、また、現実の時間の中でいつ生じたとも、いつほろびるともいえないものである。いわば、現実の時空をこえたものであるが、だからといって、きままな空想の産物といったあやしげなものではないらしいことは、それについて、幾何学という厳密な学問が成立すること、その幾何学の中に出てくる文の正しさが問題になることからわかるであろう。つまり、想像上の図形は、それなりに、厳然と存在するものであるとするのが、この説明の立場である。

さらに、公理は、この説明の立場からすれば、無数に多くの、想像上の図形についてのべているものである。たとえば、公理の中には、

「すべての直角はたがいにみな等しい」

という文があるが、想像上の図形としての直角は、無数にある。つまり、「原論」では、一直線に他の直線がまじわってできる、となりあった二つの角が等しい時、そのそれぞれが直角と定義されるのであるが、このような直角をつくるようにまじわりあう二直線の組は無数にあるから、直角も無数にあることになる。そういう直角がみな等しいということが直観できると、この説明ではいうのである。

さらに、公理や定理にのべられている文は、紙の上に書かれた図形のように、肉眼でみられる図形にも、近似的にあてはまる。つまり、現実の図形は、想像上の図形に、多少とも似ているものであることをみてとる能力が人間にあるとするのが、この説明の立場である。

五　二世界説

「感覚でとらえられる事物とは別のもの、特に、現実の時空をこえたもの、が存在しており、感覚でとらえられる事物は、このようなものの不完全な近似である。そうして、人間には、この、感覚でとらえられる事物とは別のもののことを知る能力があり、この能力によって知られた事実は、感覚的にとらえられる事物にも、近似的にあてはまる」

このような考え方を、「二世界説」という。この説で、感覚的にとらえられる事物の世界は、「現象の世界」とよばれ、時空をこえた存在の世界は、「実在の世界」とよばれる。さきほどのべた、エウクレイデスの幾何学の意味を、想像的な直観を持ち出すことによって説明する考え方は、二世界説にたつものといってよいであろう。

世の中には、感覚的な経験を重んずる人、いわゆる経験主義者がいる一方では、そういうものを軽んずる人もいる。たとえば、肉体的な快楽を低いものとみくだし、禁欲的な生活を送る人は、ともすれば、感覚的な経験を軽んじがちである。

また、感覚的な経験にもとづく判断では、時々、まちがいが生ずる。そこで、絶対にたしかでまちがいのない認識をもとめる人も、感覚的な経験を軽んじがちである。

こういう人達にとっては、二世界説は、好ましい考え方のように思われる。超越的な世界のことを重んずる宗教を奉ずる人、死後の世界を考える人、なども、二世界説を好む傾向があるようである。

善悪の判断や美醜の判断で、現実には個人差があることをみとめながらも、そのような個人差をこえた、普遍的な、善悪や美醜の基準があるはずだと考える人の中にも、二世界説に興味をおぼえる人がいる。すなわち、「善や美醜に関しても実在の世界があり、その世界における善悪や美醜の基準は絶対的なものである。そうして、感覚的にとらえられる事物の美醜の基準は、この実在の世界の基準の不完全な近似である。だから、近似的なものについての判断が人によってちがうのは、感覚的な経験にもとづく判断が不確かなものであるという一般的な事実によるものだとして説明がつく。また、実在の世界をみとおす能力をうまくつかえば、善悪や美醜の普遍的な基準をつかむことができ、絶対的に正しい価値判断をくだすことができるようになる」と考える人がいるのである。

こうして、二世界説は、もしそれが正しければ、存在論、認識論、価値論の各分野に、大きな影響を持つものである。そうして、エウクレイデスの幾何学は、少くとも一つの局面で、二世界説が正しいことを、如実に示している、と多くの人は考えたのだった。

六　平行線の公理

しかし、エウクレイデスの幾何学からは、二世界説にとって、必ずしも都合がよくはない例を拾うこともできるのである。

たとえば、「すべての三角形の内角の和は二直角である」という定理を証明するのには、「平行線の公理」と呼ばれる公理が必要である。この公理はつぎのようにのべられる。

「平面上の二直線に、他の一直線がまじわり、その一方の側にできる二つの角（いわゆる同傍内角）の和が二直角より小さい時には、その二直線は、その側においてまじわる」

同傍内角の和が二直角よりは小さいが、これにきわめて近い時には、二直線の交点は、あるにしても、非常な遠方になる。したがって、紙の上に書いた図形について、この公理が近似的になりたつかどうかは、たしかめることができない場合もある。たとえば、他の一直線からきりとる長さが二センチで同傍内角の和が百七十九度五十九分のような二直線を書いてみれば、それはほとんど平行線にみえ、非常な遠方でまじわるかどうかをたしかめることもできないだろう。

そればかりではなく、想像上の図形についても、きわめて遠い点というものは想像することがかなりむずかしい。つまり、この公理を直観によって正しいものとみとめることはむずかしいと考える人も、昔からいたのである。こういう人達は、「平行線の公理」と呼ばれている文は、実は公理ではなく、定理なのではあるまいか、と疑った。すなわち、ほかの公理から証明できるのではないかと考え、実際にその証明をみつけようと、いろいろ努力したのである。

この証明には、帰謬法をつかえばよいのではないかと考えた人達もいた。つまり、平行線の公理の否定とほかの公理との組合せから矛盾が生ずれば、ほかの公理をみとめるかぎり、平行線の公理の否定を否定しなくてはならないことが、つまり、平行線の公理を正しいものとしなくてはならないことが、示せるわけである。

ところが、平行線の公理の否定をふくむ一つの文と、ほかの公理とを前提して、いくら論証を重ねて行っても矛盾が生じない。とうとう、最後には、この文を公理の一つとする、別種の幾何学が成立するのではあるまいか、と考える人達が出てきた。これが、有名な「非ユークリッド幾何学」の生じたきっかけである。

しかし、非ユークリッド幾何学は、一つの矛盾のない理論としては成立しても、現実の空間図形、平面図形とは関係のない、空想的な幾何学にすぎないのではないか、と考える人達も多かったのである。

ところが、十八世紀から十九世紀の前半にかけて活躍したドイツの大数学者ガウスなどは、現実の三角形でも、大きなものになれば、内角の和が百八十度からかなりそれるものがあるのではないかと考え、測量によってこのことをたしかめようとした。結果としては、測量にともなう誤差のことを考えると、決定的な結論をえるにはいたらなかったが、このことは、ユークリッド幾何学のいうところと非ユークリッド幾何学のいうところと、どちらが、現実の平面図形の性質に近いか、はっきりしなかったということである。

このように、ユークリッド幾何学の公理の中には、必ずしも直観的に自明ではないものがあることがわかった上に、その内容が、現象の世界の図形に近似的にあてはまるかどうかさえ、直観的には、きめられないものがあることがわかってきた。しかも、平行線の公理は、そのままのかたちも、その否定形も、ほかの公理から証明することはできない。つまり、定理とするわけにはいかないものである。

では、どちらが、実在の世界の図形について正しい公理であろうか、といえば、それをきめるための手段はないのである。今もいったとおり、直観的な自明性にうったえるわけには行かないし、現象の世界との近似に関しても、優劣はつけがたいからである。

二世界説では、実在の世界は一つしかないと考えるから、平行線の公理とその否定形がともに実在の世界について正しいということはありえない。しかし、どちらが正しいのかを人間には知る能力がない、とすれば、二世界説が、認識論に対して持っている意味は、うすれてくることになる。

七　解析幾何学

もっと奇妙なことがある。それはつぎのようなことである。

フランスの大哲学者デカルトは、すでに十七世紀の始めに、幾何学の問題を、代数学の問題に翻訳してとく方法を、体系化してのべている。いわゆる解析幾何学の方法である。

実在の世界の幾何学を知る方法が、二世界説のいうとおり、あったとして、その結果、平行線の公理も正しいことがわかったとしよう。すると、デカルトの方法をつかって、ユークリッド幾何学の平面の中に、座標が導入できる。つまり、直交する二直線X、Yをまずとり、任意の点から、このXとYとに垂線を下す。この垂線の長さが、あらかじめ単位をあたえるものときめておいた線分の長さの何倍になるかをあらわす実数の組、(x、y)を、この点の座標とする。こうすれば、平面上のすべての点に、座標が一義的に対応するのである。そうすると、直線には、一つの二元一次方程式をみたす座標の全体、たとえば、

$$3x+2y=5$$

をみたす(x、y)の全体が対応する。このようにして、幾何学の図形に、代数方程式を対応させるのが、デカルトのやり方である。

今、このやり方を逆にして、まず、二つの実数の組を、「点」と名づけることにする。それから、二元一次方程式を「直線」と名づける。また、「二直線が一点でまじわる」とは、二つの二元一次方程式に共通な解がちょうど一組あることだとする。このようにして、幾何学的な表現に、代数的な解釈を与えることにする。すると、ユークリッド幾何学の公理は、すべて、この代数的な意味で、正しい文であることがわかる。

さて、実在の世界の平面に座標を導入するやり方は、直交する二つの直線をもとにする

ものばかりではない。曲線をつかっても、座標を導入することはできる。このようにしてえられた座標も、二つの実数の組である。そこで、今度は、さきほどの代数的な解釈をなかだちにして、平面図形の定義をする。たとえば、直線とは、一つの二元一次方程式をみたす座標を持つ点の全体からなる図形だということになる。この図形は、直交座標でいう意味では、曲線である！　しかし、それを直線と名づけ、以下同様にして、代数的な解釈と、曲線座標とにもとづいて、「円」とか「角」とかいった名前で呼ばれる図形を定義して行く。そうすれば、やはりこれらの図形については、ユークリッド幾何学の公理が、したがって定理がなりたつことになるのである。

そこで、蒟蒻問答の話を思い出してみよう。二人の人間がいて、それぞれ、実在の世界の平面図形の性質を直観し、ユークリッド幾何学の公理がそういった図形についてなりたつことを確認し、かつ、そのことを、おたがいに、ことばに出して確認しあったとする。その時、二人は、相手も自分も、実在の世界の同じ図形のことを話していると考えるかも知れない。しかし、一方が直交座標にもとづいて代数的な表現に対応する図形のことを話していて、他方が曲線座標にもとづいて代数的な表現に対応している図形のことを話しているのだとしても、話は何から何までつじつまがあうから、そのくいちがいは、いつまでたっても、わからないはずである。

くわしくいえば、一方にとっての直交座標は、他方にとっての曲線座標になり、その逆も成立する。だから、「直交座標と曲線座標と、二通りの座標の入れ方があって、曲線座標をつかうと、ほんとうはまがっている線が直線になってしまいますね」と片一方がいい、相手が「まったくそうですね」と応じたとしても、二人の「直観」している、実在の世界の図形が、まったくちがっているという可能性は、依然として残っているのである。

このように、多くの人が、自明なものだというにははるかに遠いものだといっている平行線の公理を、仮に正しい文とみとめ、それが、実在の世界の図形についてのべているものだとすることにしてもなお、ユークリッド幾何学の公理は、その実在の世界の図形を一義的に決定するのには、不十分なのである。

また、図形については何も考えず、数の世界のことしか考えない人がいたとしよう。この人が、ユークリッド幾何学の公理や定理をよんで、そこに登場してくる「点」「直線」「円」などのことばを、代数的な概念のことだと思いこんだとする。そうすると、その人も、ユークリッド幾何学の公理が、したがって定理が、みな正しい文ばかりであることを承認するであろう。したがって、この人も、さきほどの二人の人の仲間入りをして、ユークリッド幾何学について、論ずることができるであろう。

こういうわけで、ユークリッド幾何学がその性質を明かにするといわれるものが何であるかについては、実に種々さまざまの解釈が可能になるのである。

八　「幾何学基礎論」

エウクレイデスの「原論」は、二千年以上も前の書物としては大変よくできている本であるが、くわしくみて行くと、欠点と思われるところがないわけではない。たとえば、定義の中には、定理の証明にも、作図題の解答にも、つかわれていないものがある。では、想像的な直観の助けになるものかといえば、そうともいえない。定義に出てくる基本概念に、適当な解釈を与えることにより、一つの定義に、さまざまのちがった対象を対応させることができるからである。

また、公理として書き出されていないにかかわらず、定理の証明の中で、無条件になりたつものとしてつかわれている文がある。こういった欠点をあらためることは、十九世紀になってから何人かの人によってこころみられたが、特に世紀も終りの一八九九年になり、ドイツの大数学者ヒルベルトが、「幾何学基礎論」をあらわし、もっとももととのったかたちで、ユークリッド幾何学の再編成をおこなった。

この「幾何学基礎論」に登場する公理の数は、十九であるから、エウクレイデスの「原論」の場合にくらべ、かなり多い。ただし、「すべての直角は等しい」という公理は、ほかの公理から証明できるものとしてはぶかれている。これら十九の公理から、エウクレイデスの定理は、ことごとくみちびくことができる。

基本概念としては、「点」「直線」「平面」「の上にある」「の間にある」などがあげられている。基本概念はほかにもいくつかあるが、全体で有限個であり、派生概念を定義するのに、必要、十分なものである。

ヒルベルトは、特に、次のことに注意した。幾何学の展開にあたっては、基本概念が指示するものを、想像的直観によって一義的に確定する必要はない。その指示するものが何であれ、それが、公理をみたすことがわかっていれば、それで十分である。

このヒルベルトの主張が正しいことは、さきほどのべておいたことからいっても、明かなことといってよいであろう。実際、ヒルベルトは「幾何学基礎論」の中で、二つの実数の組を「点」とよび、代数的な概念に、幾何学的な名前を与えることにより、平面幾何学の公理が、代数的に正しい文となる例をつかって、重要な議論をおこなっているのである。

さて、くわしくいうと、「幾何学基礎論」の基本概念は、幾何学的な図形についてのものだけではない。「すべての」とか、「存在する」とかいった概念、また、集合に関連するいくつかの概念は、定義なしにつかわれている。また、こういった概念をもちいて書かれる文で、定理の証明の前提としてつかわれているものでありながら、公理として書き出されていないものもいくつかある。こういった概念や文は、当時のヒルベルトにとっては、あまりにもあたりまえのものなので、わざわざ書き出す必要はないものと思われたのであろう。

九　自然数論

ユークリッドの幾何学の公理論の厳密な再編成がこころみられだした頃、自然数についての理論を、公理論にまとめる研究もおこなわれていた。このうちデデキントによって提示され、一般には「ペアノの公理論」という名で知られているものが、古典的なものとして有名である。

この公理論では、基本概念は、集合に関するものと、論理的なもの、つまり「すべての」とか、「で」、「ではない」といったもの、また、個体変項、をのぞけば、「自然数である」「零」「次の数である」の三つであり、公理の数は五つである。足し算や掛け算の概念は、基本概念によって定義される。そうすると、自然数の性質で、日常生活での計算につかわれているものなどは、ことごとく、定理として、これらの公理からひきだされる。たとえば、「掛け算の結果は、掛ける数の順序をかえてもかわらない」などという性質は、定理として証明される。「1」「2」という概念も、この公理論では派生概念であるが、

1+1＝2

という、よく知られている文も、定理として証明されるのである。あるいは、エウクレイデスの「原論」ですでに定理となっている、

最大の素数はない

いいかえれば、

素数は無限にある

という文も証明されるのである。

自然数は、図形ではないから、みるわけにはいかないものである。したがって、ペアノの公理の正しさを、想像的直観によってたしかめるということも無意味である。しかし、多くの人が、この公理の正しさをみとめている。だから、自然数についても、感覚とはちがうある種の直観があり、この直観は、公理の絶対的な正しさをみてとる能力なのだと、一部の二世界論者は考えたのだった。

十　初等的理論

ヒルベルトにより再編成されたユークリッド幾何学の公理論や、ペアノの自然数論は、集合に関して発言している部分をのぞけば、述語論理学の助けを借りて、より厳密なかたちで提示することができる。

まず、「で」「ではない」「か」「なら」「すべての」「存在する」といったことばには、日常生活の言語活動では、いくつもの用法がある。そこで、論理学での用法が、ほかの用法とまぎれるのをふせぐため、これらのことばを記号でおきかえておく。この記号の用法は、推論の形式を、この記号と、かっこ、および個体変項、しばり変項とをもちいて書くことにより、一義的に決定してしめされる。

また、個体変項と、しばり変項とを用意する。これらは、それぞれ、a_1、a_2、a_3、……、またx_1、x_2、x_3、……とすればよいであろう。

文のつづきぐあいをはっきりさせるためのかっこ、「(」と「)」とを用意する。

以上の記号は、どの公理論にも共通にもちいられる記号であって、これらを「論理記号」という。

つぎに、述語を用意する。これらは、公理論によってちがうが、一般的に、有限個あればよい。たとえば幾何学の場合なら、「直線である」「平面である」という性質や、「の上にある」「の間にある」といった関係、をあらわす述語がいるわけであるが、これも、ふつうのことばで書くよりは、記号化しておいた方がよい。ふつう、n項関係をあらわす述語には、p^n_1、p^n_2、p^n_3、……等の記号がつかわれる。たとえば、3項関係をあらわす述語が4個いるならば、これをp^3_1、p^3_2、p^3_3、p^3_4とすればよい。すると、「a_1、a_2、a_3のあいだにp^3_2という関係がなりたつ」という文は、

$(a_1、a_2、a_3)p^3_2$

あるいは、横書きにして、

$p^3_2(a_1, a_2, a_3)$

などと書くことになる。横書きにした時、述語を、個体変項の前に持ってくるのは、一般に、現代論理学でおこなわれる習慣にしたがってのことである。日本語の語法にあわせて、

$$(a_1, a_2, a_3)p^3_2$$

と書くことにしてもかまわない。要するに、これは約束ごとだから、どれをとってもよいが、一つの書き方をすることにしたら、一つの公理論の中では、終始一貫、同じ書き方をもちいるようにしなくてはならない。

こういった文、つまり、開いた基本文から出発して、論理記号を何回かくり返してつかうことにより叙述文をつくって行くことができる。

叙述文の一部を、公理として指定する。

また、正しい推論の形式を、以前にのべたやり方で指定する。

正しい論証の形式は、つぎのようにのべられる。

「最初の段階は、つねに同一律か、公理かのいずれかである。

ほかの段階は、同一律か、公理か、さもなければ、それに先行する段階から、水まし、むすび、きりはなし、帰謬法、もどし、開き、全称化、のいずれかの推論によってえられた段階ばかりである」

いうまでもなく、このような形式にはまる論証の最後の段階になる文が、この公理論の定理である。

このようにして提示される公理論のことを、「初等的理論」という。特に、初等的理論として提示される、自然数論の公理論のことを、「初等的自然数論」という。これは、ペアノの公理論の一部分であるが、それでも、四則演算に関して日常生活でつかわれていることがらはみな、その定理となることが示される。

また、初等的理論は、ふつう、述語しかないかたちで書くことができるが、必要に応じて、新しい述語、個体定項、写像定項、などを定義によって導入することができる。この定義の手続きの、一般的なパターンも、あらかじめ示しておくことができる。新しいことばを定義する時には、公理を追加することが必要になるが、この追加によって、公理論の内容に実質的な変化がないことも示すことができる。すなわち、この定義によって導入されたばをふくむ文で、新しく定理となったものを、定義を逆につかって、新しいことばをまったくふくまない文に書きかえれば、これはみな、もとの公理論の定理になることが示されるのである。特に、もとの公理論に矛盾がなければ、定義によって新しいことばを追加した公理論にも、矛盾がないことがいえる。このような事実が、定義についてたしかめられたのは、西暦一九三〇年代になってからのことである。

ともかく、初等的公理論では、基本概念は、論理記号と始めに用意した述語である。派生概念は、定義によって導入された個体定項、写像定項、新しい述語、である。

十一　モデル理論

初等的理論とその表現する内容との関係を論ずるのが、述語論理学のモデル理論である。今、初等的理論が一つあり、ともかく、これが、何等かのことがらをあらわしているものだとしよう。すると、変域がきまっていて、この理論の公理や定理は、この変域について、すべて正しい文となっているはずである。

くわしくいうと、モデル理論では、変域を一つの集合と考える。そうして、述語の一つ一つには、この集合の元のあいだの性質や、関係が対応するものとする。n項述語には、もちろん、n項関係が対応する。この時、性質や関係は、それぞれ外延的な性質、外延的な関係だとする。その上で、文の正しさを、この対応関係を利用して定義するのである。

今、一つの空集合ではない集合Mがあり、このMの元のあいだの外延的な関係がいくつかあったとして、それをたとえば、R^1_1、R^1_2、R^2_1、R^2_2、R^4_1、R^4_2、R^4_3、R^4_4としよう。いうまでもなくR^1_1、R^1_2は性質であり、たとえばR^4_1、R^4_2、R^4_3、R^4_4は、それぞれ、四項関係である。この時、Mと、この八個の関係との組合せを、「初等的構造」という。一般に、空ではない集合と、その元のあいだのいくつかの関係との組合せのことを、「初等的構造」という。

一方、ここに、一つの初等的理論があり、その基本概念は、論理記号のほかは、述語、P^1_1、P^1_2、P^2_1、P^2_2、P^4_1、P^4_2、P^4_3、P^4_4、P^4_5だったとする。この時、変域をMだとし、P^1_1にR^1_1を、

P^1_2にR^1_2を、P^2_1にR^2_1を、P^2_2にR^2_2を、P^4_1にR^4_1を、P^4_2にR^4_2を、P^4_3にR^4_3を、P^4_4にR^4_4を、P^4_5にR^4_5を対応させたところ、初等的理論の公理がみな、したがって定理もまたみな、正しい文になったとする。この時、理論とこの初等的構造とこの対応との組合せのことを、この初等的理論の、一つの「モデル」という。

一般に、一つの初等的理論と一つの初等的構造とのあいだに、初等的理論の公理をすべて正しくするような対応があった時、この初等的構造とその対応との組合せのことを、その初等的理論の一つのモデルというのである。

注意しなくてはならないのは、初等的構造だけでは、モデルはきまらないことである。対応とくみあわせて、始めてモデルがきまる。たとえば、さきほどの例でいえば、P^1_1に、R^1_1ではなく、R^1_2を対応させれば、公理の中にもはや正しい文ではなくなるものが出てくるかも知れない。また、二つのちがった対応において、公理がみな正しい文になることもありうる。その場合には、二つのモデルがあるということになるのである。

初等的理論と初等的構造とがあり、対応としてどのようなものをとるか、わざわざいわなくとも、前後の関係から明かであり、かつ、この対応に関して、公理がすべて正しい文となる時には、省略的に、この初等的構造のことを、その初等的理論のモデルということもある。

ともかく、モデル理論では、初等的理論がなにごとかを表現している時には、その表現内容は、初等的構造であると考え、表現とは、述語と構造の元のあいだの関係との対応で、公理をすべて正しい文とするものであると考えるのである。

モデルがある初等的理論には、矛盾がない。すなわち、

（A）で（〜（A）ではない）

という形式の文が定理になることはありえない。このことは割合、簡単にわかることである。しかし、実は、この逆もなりたつ。

すなわち、

一つの初等的理論が、矛盾のないものだとしたら、この理論には、モデルがあるということがいえるのである。これは、必ずしも自明なこととはいえないが、述語論理学における一つのメタ定理として証明できることである。そうして、このメタ定理から、完全性定理をただちにみちびくことができるので、このメタ定理自身が、「完全性定理」とよばれることもある。

さて、モデルがある初等的理論、すなわち、矛盾のない初等的理論においては、モデルは一義的に決定されるであろうか。モデル理論の与える答は、否定的である。すなわち、一般に、モデルのある初等的理論においては、モデルの数は、必ず、複数である。

しかも、この複数のモデルの中には、対応する初等的構造がちがうものさえある。だから、蒟蒻問答的な状況は、ユークリッド幾何学の場合にかぎらず、すべての初等的理論に

つきまとう、宿命だったのである。このことは、二世界説にとっては、かなり都合の悪い事実だというべきであろう。

なお、モデル理論では、集合論をつかわなくてはならない。このことは、モデルの概念の定義に、集合の概念をつかっていることからも察せられるであろう。

十二　不完全性定理

今、一つの初等的理論に一つのモデルがあったとすると、この初等的理論の閉じた文は、すべて、そのままのかたちがこのモデルについて正しいか、その否定形がこのモデルについて正しいか、のいずれかである。もちろん、個々の閉じた文によって、そのままのかたちが正しいか、否定形が正しいか、はかわってくるが、とにかく、どちらかが正しいことはきまっている。また、両方とも正しいということは、もちろんありえない。もし両方とも正しければ、その二つの連言、つまり、矛盾した文も正しいということになるが、矛盾した文は、どんなモデルにおいても、正しい文ではありえないから、結局、両方が正しいということは、ないのである。

さて、一つの矛盾のない初等的理論において、任意の閉じた文について、それが正しいか、その否定文が正しいかが、すべてのモデルについて、共通なかたちできまっているとする。たとえば一つのモデルについて否定文の方が正しいとすれば、ほかのどのモデルについても、否定文の方が正しくなるものとする。この時には、モデルの全体に、一つの共通性があることになる。すなわち、一つの弱い意味で、モデルの性格が一義的に決定されるということになる。

こういうことは、一般的にいえることだろうか。

論理学の答は、この問に対しても、否定的である。すなわち、次のことが示されるのである。

たとえば、初等的自然数論に矛盾がないとすれば、この公理論の閉じた文であって、それ自身も、その否定形も、定理にはならないものがある。

このメタ定理の証明は、多少こみいっているが、集合論はつかわずにおこなうことができる。

さて、初等的自然数論は、多分矛盾をはらまないものであると考えられるので、今、矛盾はないものとしよう。すると、今のメタ定理から、問題の文が正しくなるようなモデルと、その否定文の方が正しくなるモデルがあるということが、すぐに出てくるのである。つまり、初等的自然数論については、さきほどの問が否定的にこたえられたことになる。

これは、公理の枚挙が不十分なためであると考える人がいるかも知れない。そこで、問題の文、あるいは否定文、のいずれかを、公理として追加してみる。ところが、そのようにして拡張された自然数論においても、やはり、証明できず、またその否定も証明できない、閉じた文が、かならず構成できることがわかるのである。そうして、その文か、その否定文かのいずれかを公理として追加しても同じことが起きる。以下同様にしてかぎりがない。

この結果は、もっと一般的なものに拡張できる。すなわち、初等的自然数論をある適当なかたちで部分としてふくんでいる初等的理論に関して、つねに、同様な事情がつきまとうことが証明されるのである。

このことを一般的にのべた文を、「初等的理論の不完全性定理」という。昔から、「数学の任意の分野において、公理を適当にえらべば、その分野のどの問題についても、証明によって解決をえることができる」という信念を持っていた人達が多かった。しかし、その信念は、どうやらあやまりであったことが、この不完全性定理によって示されたのである。この重要なメタ定理は、西暦一九三一年、ゲーデルによって証明されたが、これは、今のべた信念を打破したほか、さまざまのショッキングな帰結をはらむものであったため、発表当時、一大センセーションをひきおこしたものである。

たとえば、初等的自然数論には多分矛盾がないだろうと考えられるが、種々な哲学的根拠から、このことに疑いを持つ人もいる。そうしてこの疑いには、もっともな点もいくつかある。そこで、ヒルベルトは、この疑いをはらすための方法を考えついて、この方法により、初等的自然数論に矛盾があるかないかをたしかめようということを提案していた。もし、ヒルベルトの方法により、矛盾がないことがたしかめられれば、それはきわめてたしかな保証になるとする点で、多くの論理学者の意見は一致していた。

ところが、不完全性定理の重要な系、つまり、いわば孫定理の一つとして、ヒルベルトの方法では、初等的自然数論に矛盾がないことをたしかめることはできないということが出てくるのである。これは、論理学において影響するところがきわめて大きい帰結であった。

ここでの文脈でいえば、二世界説にとっての困難をますます大きなものにしてしまうところに、この不完全性定理の重要性がある。すなわち、初等的理論の多くは、弱い意味においてさえ、モデルの性格を一義的に決定することはできないということが明かになったからである。

モデル理論においても集合論をつかうのであるし、そのほか、種々の分野で集合論をつかわざるをえない、あるいは、つかった方がよい、局面が生じている。特に、解析学や、これをつかう自然科学、について認識論的な議論をしようとすれば、集合論の成果を無視するわけには行かない。そこで、次章では、集合論のことを少し、紹介しておくことにする。前にもいったように、集合論は、論理学の発展したものであり、また、存在論とも密接な関係を持っているものであるから、さまざまな意味で、集合論と哲学とは、交渉しあっているのである。

第五章　集合論

一　外延

「家族」とか「種類」とかいったことばが日常生活でふんだんにつかわれているところをみれば、集合というものを考えることは、それほど目新しいことではないことがわかるだろう。

一つの条件をみたすものの全体が集合というものになる、という考え方も、昔からあったものである。

たとえば、伝統的論理学では、「概念の外延」ということを、よくいう。「概念」というのは、大体、いわゆる普通名詞のことだとしてよい。たとえば、「花」「木」「鳥」「魚」「獣」「岩」「川」「海」「人」「机」「椅子」「喜び」「悲しみ」「怒り」「感情」といったことばのことである。

一つの概念のあてはまるものの全体を、その概念の「外延」という。たとえば「人」という概念の場合には、人類がその外延になるわけである。

概念は、すでに昔からあるもののほかに、新しくつくることができる。たとえばテレビジョンなどというものは昔にはなかったものであるが、それがつくられるようになってからは、これをよぶ名前が必要になった。くわしくいえば、テレビジョンを発明した人達は、まだテレビジョンができる前に、電波をつかって遠方に動く映像を送る機械をつくる可能性のことをいろいろ考えていたであろう。現実にそういう機械ができると、これに、「テレビジョン」という名がつけられ、この名前が一般に流通するようになった。つまり、

ａは電波により動く映像を遠くに送る機械である

という条件をみたすものに、「テレビジョン」という名がつけられたのである。こうして「テレビジョン」という概念ができれば、その外延が考えられる。この外延は、個々のテレビジョンの全体である。つまり、今のべた条件をみたすものの全体からなる集合であるといってよい。

二　無限

このようなことを考えあわせると、集合論という分野が、十九世紀になって始めてでき

たのは、不思議に思われる。実際、集合論の始めの部分は、潜在的に、伝統的論理学にふくまれていたといってよく、だからこそ、集合論は、論理学の発展したかたちだといわれるのである。

しかし、カントルの始めた集合論には、それまでの論理学にはみられなかった大きな特色があった。それは、無限を積極的にとりあつかっていることである。

さきほどあげた普通名詞、つまり概念、の外延は、いずれも、元の数が有限個である集合である。テレビジョンの数はどんどんふえている。つまり「テレビジョン」という概念の外延などは、日ましにひろがっているけれども、その元の数が有限個であることにかわりはない。ところで、「自然数」という概念をとりあげてみれば、この概念の外延に属する元の数は、無限である。つまり、どんなに大きな自然数を考えても、それが最大の自然数であるということにはならない。たとえばその数より1だけ大きな自然数が必ずあるからである。そこで、「自然数」という概念の外延は、無限に多くの元がある集合、つまり、無限集合であるということになる。

自然数の数が無限に多いということは、かなり古くから知られていたことであるが、無限集合というものを考える、つまり、たとえば、自然数の全体を一つのものとしてあつかう、という考え方は、十九世紀までの人々には、あまりなじめないものだった。たとえば、素朴に考えると、無限のものの全体を一つかみのものとして考えるということは、「はてしのないものをはてのあるもののようにあつかう」といった、矛盾したやり方をふくんでいるように感ぜられる。

あるいは、「全体は部分よりも大きい」というのは、エウクレイデスの「原論」の公理の一つにもなっていて、昔から、自明な真理と考えられていた文である。しかし、今、一つの線分をとってみる。この線分の上にある点の数は無限である。また、この線分を半分にきってえられる線分の上の点の数も無限である。すると、もとの線分の上の点の数と、半分になった線分の上の点の数では、どちらが多いか。エウクレイデスの公理にしたがえば、前者の方が多いにきまっていると思われる。しかし、両方とも無限なのだから、すぐには、この数はくらべにくい。そこで、カントルの考え方にしたがって、有限集合の元の数の数え方を、自然なやり方で、無限集合の元の数の考え方に拡張すると、両者は等しいという結論がえられるのである！　これは、「自明な真理」と矛盾する結果ではないか。

こういうことを考えると、無限集合などというものの存在を軽々しく肯定することは、はなはだ危険なことに思われる。こういうわけで、カントルの集合論は、始めは、むしろ、警戒の眼でみられることが多かったのである。

また、無限は、昔から、神のような超越的存在の属性に数えられることが多く、これに対し、人間は有限の存在であるとされてきた。したがって、無限をとりあつかうことは、人間の分際をこえたことだ、と感ずる人も多かったのである。

しかし、自然数の数にはかぎりがないとか、線分の上の点は無数にあるとかいったことを考える点では、昔の人も、「無限」という概念に、ある程度はふれていたのである。「浮世根問」の八公でさえ、宇宙は無限のものかどうかを問題にしている。

特に、ニュートンやライプニッツが微分積分学を始め、これが自然科学に利用されるようになってからは、物質的なことがらについて科学的なことをのべようとすれば、無限の概念を積極的に利用しなければならない局面が非常にふえてきたのである。

このようなことを考えあわせると十九世紀には無限集合を積極的にとりあげるべき時機がすでにおとずれていたといえる。この、機の熟したこと、に気がついたのが、カントルだったと考えられるのである。

三　四つの前提

カントルの集合論は、必ずしも公理論的に展開されたものではないが、後になってふりかえってみると、四つのことを前提し、あとは、この前提だけから、すべてのことを、論証するかたちに、まとめられることがわかる。その三つの前提の一つは、さきほどからのべている、無限集合の存在を主張する文である。たとえば、「自然数の全体からなる集合が存在する」とする文を、この前提としてもよい。

もう一つの前提は、「一つの条件をみたすものの全体は、一つの集合になる」とする文である。「概念の外延」という時に出てくる「外延」ということばのつかい方を、「テレビジョン」の例などにあわせて拡張すれば、「条件の外延」ということばをつかうことができる。そうすれば、この前提は、「条件にはつねに外延がある」というかたちで表現できるであろう。

条件によっては、外延が空集合になることもある。たとえば、「aは3より大きく、2より小さい整数である」などという条件をみたすものはありえない。しかし、この条件の外延は、空集合として、存在するのである。

第三の前提は、「集合aと集合bとが元を共有すれば、aとbとは同じ集合である」という文である。

第四の前提は、「集合aが、集合を元とする集合だとする。すると、aの元になっている、空集合ではない集合から、元を一つずつとってできる集合が存在する」という文である。これは、小選挙区制の選挙の時、各選挙区から一人ずつ代表が出て、国会をつくることになるが、このようなことが、一般に可能であることをのべている文ととれるであろう。aが有限集合である時は、小選挙区制のことから考えても、この文の正しいことはほぼ明かといってよいし、実は、この前提は、ほかの前提からみちびける。しかし、aが無限集合である時には、この前提は、必ずしも自明とはいえないかも知れない。けれども、微分積分学以後の数学では、暗々裡に、この前提を、定理の証明につかっていたことが、案外多いのである。

以上、四つの前提は、それぞれ、「無限公理」「包括の公理」「外延性の公理」「選択公理」と呼ばれることがある。

四　矛盾

無限集合を考えると、たとえば線分の上の点の数について、エウクレイデスの公理と矛盾する結果が出るように思われる。しかし、「全体は部分より大きい」という文の意味はかなりあいまいであって、必ずしも、点の数のことをさしているのではないととることもできる。いずれにせよ、無限集合の場合まで、カントルのやり方で数の概念を拡張することとは、比較的自然なことであり、現在では、多くの数学者が、ほぼこの線にそった、数の概念の拡張をみとめているのである。だから、エウクレイデスの公理の解釈の方を、むしろ、この拡張と矛盾しないかたちにあらためるのが、今日の数学の常識といってよいであろう。

しかし、カントルの集合論に対して一部の人々がいだいた強い警戒の念は、杞憂ではなかった。というのは、十九世紀の末から二十世紀の始めにかけて、集合論の内部に、続々と矛盾が発見されていたからである。

数学でも、他の学問でも、理論の内部に矛盾が発見されれば、それはその理論がどこかまちがっている証拠だとされる。特に、前提の中に、一つ、正しくない文があるからだとされる。こうして、矛盾が発見されたら、その理論は、修正されなくてはならない。場合によっては全面的にすてられなくてはならない、とされる。

このように学問で矛盾がきらわれるのには、いろいろな理由が考えられるが、その中でも大きなものの一つは、帰謬法という論法が昔からつかわれているからだろう。

今、一つの前提から矛盾が出てくることがわかったとする。そこで、その前提に、任意の文の否定を、もう一つの前提としてつけ加えてみる。この二つの前提からも、当然、矛盾は出てくるはずである。そこで、最初の前提はすえおくことにして帰謬法をつかえば、当然、後からつけ加えた前提を否定しなくてはならなくなる。つまり、矛盾が出てくる前提からは、任意の文が論証されるのである。このことを、文変項をつかって書いてみれば、

Aなら（Bで（Bではない））

だから、

（Aで（Cではない））なら（（Bで）Bではない）

だから、

Aなら（(Cではない) ではない)

だから、

AならC

となる。

どんな文でもそれから証明できる文というのは、前提としての価値がない。その文をみとめるかぎり、つまり、どんな空想的なことをのべた文でも、事実に反することをのべた文でも、正しい文となってしまう、というのでは、その文を前提として理論を展開する意味はなくなってしまうであろう。

これが一つの大きな理由となって、矛盾をはらむ文は、きらわれるのである。

五　公理的集合論

そこで、集合論から矛盾をのぞくための、さまざまなやり方が提案された。その中で、今のところ一番有力なのは、集合論の公理を修正し、また、論証の途中でことばの意味のまぎれによって混乱が生じたりすることをさけるために、記号だけをつかって公理や論証や定理を書きあらわすやり方である。このやり方にしたがって再編成を受けた集合論のことを、「公理的集合論」という。

公理的集合論にも、いろいろな種類があるが、ここでは「ZFS集合論」といわれるものについてのべよう。「Z」「F」「S」というのは、三人の論理学者、ツェルメロ、フレンケル、スコーレム、のそれぞれの頭文字である。ツェルメロがまずつくり、フレンケルとスコーレムがこれに修正を加えた結果が、この集合論なので、この三人の頭文字がついている。場合によっては、Sをおとして「ZF集合論」さらに略して「ZF」などということもある。

ZFS集合論でつかう基本概念の大部分は、述語論理学の記号と同じである。すなわち、文の否定をつくる操作をあらわす記号、連言をつくる操作をあらわす記号、選言をつくる操作をあらわす記号、仮言をつくる操作をあらわす記号、個体変項、しばり変項、全称文をつくる操作をあらわす記号、存在文をつくる操作をあらわす記号、である。

述語項は一切なく、そのかわり、帰属記号とよばれる記号、「∈」がつけ加わる。そうして、

$$a \in b$$

というかたちの開いた文を、

集合aは集合bの元である。

という意味の文をあらわす形式だととる。だから、個体変項は、今度は名前にかかわらず、個物ではなく、特定の集合をさす表現が代入されるべき文字になるわけである。なお、横

書きにした時にはこの開いた文は、

$a \in b$

となる。いずれにせよ、このかたちの開いた文を「ZFS集合論の基本文」と呼ぶことにする。

基本文から出発し、否定文、連言、選言、仮言、全称文、存在文、をそれぞれつくる操作を、何回かくり返してつくられる文を、「ZFS集合論の叙述文」という。

正しい推論の形式は、述語論理学のものを、そのままつかう。ただし、文としては、ZFS集合論の叙述文だけを考えるわけである。

六　公理

では、公理としてはどんなものをとるか。

まず、「外延性の公理」は、集合という概念のもっとも基本的な性格をのべているものであるから、そのまま、ZFS集合論でも、公理としてみとめることにする。なお、「同じものである」ということばの意味は、ZFS集合論の基本概念だけをつかって定義できる。このことは、第一章十二「定言文」のところでのべておいた。だから、外延性の公理は、基本概念である記号だけで書きあらわすことができる。ほかの公理もすべて、記号だけで書きあらわせることはもちろんであるが、記号はなるべくつかわないというのがこの本の方針であるから、ここでは、日本語でわかりやすくのべられる範囲で、公理を紹介して行こう。

「包括の公理」は、そのままのかたちでは維持できない。たとえば、第一章十五「ものもどき」のところでのべておいたように、

a はaの元ではない

という条件をみたすもの全体からなる集合があるとすると、矛盾がおきてしまう。しかし、一つの集合がすでに存在している場合、その集合の元であって、与えられた条件をみたすものの全体は、始めの集合の部分集合として存在すると考えられる。つまり、

——a——

を、個体変項としてちょうどaだけをふくむ叙述文とすれば、この叙述文は、一つの条件をみたす。すると、

すべての集合xについて、xの元であり、——a——という条件をみたすものの全体は、一つの集合になる

という公理をたてることができる。これが、「ツェルメロの分出公理」と呼ばれるものである。——a——というかたちの条件は、無限にあるから、この公理も無限にある。つまり、この公理は、あらかじめ全部書きだしておくわけにはいかず、その形式が示せるだけ

である。しかし、任意の叙述文が、この形式にあてはまる文かどうか、つまり、分出公理であるかどうかは、その都度、ただちにたしかめることができる。フレンケルは、この公理の形式を拡張し、「代置公理」とよばれる公理の形式をつくった。ZFS集合論ではこの代置公理の方を採用している。しかし、その内容は少しこみいっているので、ここではのべない。

また、

a、b、がそれぞれ集合である時、aとbとだけを元とする集合が存在する

という文を公理として採用し、これを「対の公理」という。

つぎに、

集合aの元になっている集合の元をすべてあつめてできる集合が存在する

という文も公理になり、これは「和集合の公理」という。

それから、集合aの元がみな、集合bの元であることを、「aはbの部分集合である」というが、すると、

すべての集合xについて、xの部分集合の全体はまた一つの集合である

という文も公理であり、これは「べき集合の公理」と呼ばれる。

分出公理、代置公理、対の公理、和集合の公理、べき集合の公理は、もし「包括の公理」をみとめるなら、定理となり、わざわざ公理として書き出しておく必要はないもので

ある。しかし、包括の公理は矛盾をはらむので、そのままではみとめられない。そこで、この公理から出てくる結論のうち、矛盾から安全であり、集合論の展開に必要なもの、そうして、昔から、人々が暗々裡につかったこともあり、その意味で自然なもの、という条件のものを探して行くと、このような公理がえられるのである。

無限公理は、無限集合の存在を主張するものであるだけに、時に疑いの眼をもってみられたものであるが、発見された矛盾に対しては責任がないことがわかった。また、この公理がなければ、新しく集合論という分野をたてる意味がないこと、解析学の展開には、この公理が必要なこと、は前にのべたとおりである。そこでこの公理は、たとえば次のかたちでのべられて、公理として保存される。

つぎのような集合xが存在する

一、xには空集合が元として属する

一、すべてのyについて、もしyがxに属すれば、yを元とする単元集合{y}もxの元になっている

このような集合xが、実質的に、無限個の元を持っている集合であることは、たやすくわかる。なお、これは、ツェルメロの無限公理であって、ZFS集合論では、別のかたちをとるが、その点にはたちいらない。

選択公理は、内容がこみいっている。だから、平行線の公理の場合と同様に、これは、

実は定理、つまり、ほかの公理から証明される文ではないか、と疑う人もいた。また、この文を公理に加えると、矛盾が生ずるのではないか、とおそれる人もいた。こういう疑いやおそれは、ながいこと、もっともなことに思われていたので、ZFS集合論の公理からは、はずされていた。

七　無矛盾性

では、ZFS集合論の公理からは、絶対矛盾は出てこないだろうか。たしかに、カントルの集合論で発見された矛盾に関しては、それがおこらないようにというわば安全装置をほどこしてつくられたのがZFS集合論であるから、そういったものが生じないことは、まずたしかなことといってよい。また、ZFS集合論の中で非常に多くの定理がすでに証明されているが、今までのところ、矛盾は一つも証明されていない。

しかし、証明は、いくらでもながく、またこみいったものになりうる。こういった証明を重ねて行くうちに、いつか矛盾が発見されることがありはしないだろうか。

ヒルベルトは、この疑いをはらすための方法を提示した。そうして、多くの論理学者が、この方法に信頼をよせた。しかし、初等自然数論についてのゲーデルの不完全性定理の系は、ZFS集合論の場合についてもなりたつことがわかってしまった。つまり、ヒルベルトの方法では、ZFS集合論の無矛盾性の証明はできないのである。そうして、ほかに、これにとってかわるべき有力な方法があるとはいえないのが現状である。

したがって、ZFS集合論において、将来矛盾が発見される可能性は、絶無とはいえないわけである。もし、そういうことが生じたら、公理は、少くとも一部分、修正されなくてはならないであろう。しかし、包括の公理はすてられても、それからかつてみちびきだされた結果のうち、現在でも有用なもので、矛盾から安全にみえるものは残されているように、その時になっても、ZFS集合論の内容のかなりの部分は保存するような工夫が講ぜられるであろう。以下の話は、このような修正を受けた集合論にもあてはまることである。まだ当分のあいだは、ZFS集合論は矛盾に対して安全であろうと多くの人に考えられている。そこで、以下では、ZFS集合論には矛盾はないもの、と仮定して話をすすめて行くことにする。

八　数学の展開

ZFS集合論のことを、これからしばらくは、略して単に「集合論」と呼ぶことにしよう。

さて、初等的理論の場合と同様にして、集合論でも、多くの派生概念、つまり、個体定項や写像項を定義することができる。ただし、集合論の場合には、個体定項は、個物ではない特定の集合をさしているのである。たとえば、「空集合」ということば、あるいは、それにあたる記号は、

すべてのxについて（xはaの元ではない）

という条件をみたす唯一のaとして定義される。こういう条件をみたす集合がちょうど一つだけあるということが、たとえば分出公理と外延性の公理とから、証明できるからである。

また、述語項も、定義によって導入できる。たとえば、くり返しのべたように、「同じものである」ということをいう述語は、基本概念だけをつかって定義することができる。

このようにして定義を重ねて行くことにより、「関係」「性質」「写像」「関係の逆」「逆写像」「写像の変域」「写像の値域」「順序」「半順序」「整列性」などといった、数学でよくつかわれる重要な概念が、つぎつぎと定義される。また、「自然数」の概念も定義される。すなわち、自然数の全体からなる集合が定義され、また、「0」「1」「2」「3」といった個々の自然数をつぎつぎと展開して行く手続きも、一般的に提示されるのである。

自然数の概念があれば、整数、有理数、の概念も定義できる。さらに、実数、複素数、の概念も定義される。

自然数の全体からなる集合は無限集合であるが、無限集合にも、いろいろな種類がある。

たとえば実数全体からなる集合も無限集合である。では、実数の全体と自然数の全体とではどちらが多いか。このような問に答えることを一つの目的として無限集合の元の数が数えられるように、自然数の概念を拡張したものが定義される。これが「基数」とよばれるものである。この定義にしたがえば、さきほどの問に対しては、実数の全体の方が自然数の全体よりは、はるかに多いという答がえられる。

また、自然数には、もののあつまりに順序をつけるはたらきもある。こちらのはたらきが無限集合に対してもおよぼされるように、自然数の概念を拡張すると、「順序数」の概念がえられる。なお、有限や無限の概念も、集合論のなかで定義される。

こうして、自然数、整数、有理数、実数、複素数、基数、順序数、の概念が定義されることによって、せまい意味での数学、つまり古典的な数学で数とみとめるものの性質をしらべる学問、の展開の用意はととのったわけである。たとえば、微分積分学の定理は、実数に関する定理であり、集合論の公理と、実数の定義とをつかえば、みちびきだすことができる。もちろん、その際には、「連続」「微分可能性」「積分」などの概念を定義しなくてはならないが、こういった概念も、集合論の中で、定義できるものである。

ヒルベルトの「幾何学基礎論」以来、数学では公理論のかたちに理論をまとめることがおこなわれるようになった。すでにみたように、公理論が表現している内容は、一義的にはきまらないことが多いが、数学の応用という見地からいえば、このことは必ずしもつねに困ったことではなく、むしろ、利点になる場合もある。たとえば、ユークリッド幾何学の公理論は、想像的直観によってとらえられる空間の図形についてのべているものとするのが伝統的な解釈だったが、解析幾何学のやり方をつかえば、実数の性質についてのべているものととることもできる。また、「点」ということばを、ある種の関数であると考え、「二点のあいだの距離」という概念を、たとえば、二つの関数の差の絶対値によって定義される関数の最大値と定義することにより、関数の集合についてのべているものととることもできる。このように多義的な解釈ができるということは、ユークリッド幾何学の定理によって、多くの分野で成立する、たがいに性質のちがったことがらを一度にあらわすことができるということで、大変便利なことでもある。これが、公理論的な数学の発展をうながした大きな理由である。

さて、集合論では、集合の概念がつかえるので、公理論のあらわすもののことも、初等的な構造の概念の拡張によってあらわすことができる。すなわち、空ではない集合の有限個からなる組をまず考える。これらを「基礎集合」という。つぎに、これらの集合から出発して、べき集合をつくる操作、直積集合をつくる操作というものを何回かくり返してつくる集合のことを、「生成された集合」という。この操作がどういうものかということの説明もそれほどむずかしくはないが、多少、形式的な話になり、記号をつかわないと、説明がくどくなるから、この説明は省略する。ともかく、この二つの操作によってできたものがまた集合になっていることは、集合論の公理によって保証されるのである。なお、基礎集合も生成集合の仲間に入れる。

基礎集合の組、と、生成集合の元をいくつか指定したものからなる組、この二つの組をさらに組合せたものを「型」という。

型に登場するもののあいだになりたつべき条件をいくつか、叙述文で書いたものを、「規定条件」という。

そうして、一つの型と、その型に関する規定条件とを組合せたものを、一つの「数学的構造」という。

たとえば、ユークリッド幾何学の公理論によってあらわされるものは、「ユークリッド空間」と呼ばれるが、この空間は、一つの数学的構造になっている。くり返しのべたことからわかるように、「ユークリッド空間」と呼ばれるものは、一義的にはきまらない。種々さまざまなものが、ユークリッド空間になる。

このことは、集合論でいえば、自然数や実数の概念をつかって、「ユークリッド空間」の定義をみたす集合（数学的構造は、一般に、一つの集合である）を、何種類も構成してみせることによって、示すことができる。

物理学でよくつかわれる空間には、ユークリッド空間のほかに、「ミンコウスキ空間」、「リーマン空間」と、それぞれよばれるものがあるが、これらも、数学的構造として定義することができる。

ユークリッド空間で二次元のものが平面であり、三次元のものが、ふつう「空間」とよばれているものであるが、無限次元のものもある。ユークリッド空間に、「完備性」という規定条件をつけ加えることにより、「ヒルベルト空間」とよばれる数学的構造が定義される。このヒルベルト空間は、量子力学などでつかわれているものである。

「空間」とよばれるものには、このほかに、「位相空間」とよばれるものがあり、これにもいくつも種類がある。「幾何学」ということばの意味は、今ではきわめて広くなっていて、ユークリッド空間のことをしらべる分野のこととはかぎっていない。これらの空間のことをしらべる分野は、それぞれ、広い意味での幾何学に数えてもよいであろう。もっとも、ヒルベルト空間論などは、微分積分学が発展して生じた分野、つまり、解析学の一部門としてあつかうこともある。このように、昔の区分にしたがってはっきりと境界づけることがむずかしいほど、数学の諸分野がたがいに密接に関連しあっているのが、現代数学の特色の一つであるが、反面、数学的構造の概念をつかえば、各空間の性質が、きわめて明確に定義できるのである。「リーマン空間」とよばれるものについても、これを始めて考え出したリーマンの叙述は、直観的であいまいなところをのこしていたのであるが、この空間の数学的構造としての定義には、このあいまいさはなくなっている。

整数における足し算、掛け算、などの算法の概念を一般化して、「代数系」といわれる一連の数学的構造が定義される。代数系というのは、算法がいくつか定義されている構造のことといってよいであろう。たとえば、「半群」「モノイド」「群」といわれる構造は、一つだけ算法が定義されている構造で、この順に規定条件がふえている。つまり、群はモノイドの一種であるが、群にはならないモノイドもあり、モノイドは半群の一種であるが、モノイドではない半群もある。二つの算法、いわば、足し算と掛け算、が定義されている代数系としては、環とか体などがある。

一つの代数系をとってみれば、これには、さまざまな種類がある。たとえば群には、基礎集合が有限集合のものもあれば、無限集合のものもある。

数学的構造の中には、このほか、なお、いろいろなものが考えられる。なかには、数学者が興味を示さないような数学的構造もある。つまり、型と規定条件をあたえさえすれば、数学的構造が定義されるのであるから、中には、トリヴィアルなもの、つまらないもの、もあるわけである。

しかし、現実に研究されている数学的なことがらの全部、あるいは大部分が、数学的構造として定義されるということは、数学の全体を統一的にとらえる上で、大変助けになることである。このことを指摘し、かつ、数学の諸分野を、この見地から実際に叙述することを系統的におこなってみせたのは、フランスの数学者の集団、ブルバキである。彼らは、ブルバキという名の個人がいるかのようによそおい、その名で、膨大な数学の教科書を書いている。これは「数学原論」といい、日本語の訳も出ている。

ブルバキは、数学的構造の規定条件のことを、その構造の公理という。しかし、数学的構造についての話が集合論の中で展開されるということを考えれば、ほんとうの意味で「公理」の名に値するのは、集合論の公理だけであるといってよいであろう。

述語論理学をつかってのべられる初等的理論は、そのままでは、言語表現であって、集合ではないようにみえよう。しかし、たとえば、個々の記号に自然数をわりあてた上で、記号列や、その組合せ、などについての話を、自然数についての話に翻訳することにより、初等的理論についての話を、自然数論にうつすことができる。あるいは、このやり方を抽象化して、記号とか、初等的理論とかいったものを、集合論的に定義することもできる。こうして定義されたものと、数学的構造の一種である初等的構造との関係を、集合論の内部で論ずることにより、初等的理論についてのモデル理論を、集合論の中にくみこむことができる。さらにこのやり方を拡張して、公理論一般についてのモデル理論を、集合論の中で展開することができる。

十　個物

個物と普遍者との区別については、今までは、多少、直観的な区別で話をすませてきた。つまり、個々の物体、生物の個体、個人、個々の数、といったものを例にあげることで個物とは何かを察してもらい、普遍者を「個物ではないもの」といってきたのである。「集合」は、普遍者をさす概念の中では、比較的内容のはっきりしているものだったが、それでも、もともとは、個物のあつまりを例にして考えられたものであるから、個物の概念にあいまいなところがあるかぎりで、あいまいなところの残っている概念だった。

しかし、集合論が展開される段階にくれば、逆に、集合の概念をつかって、個物の概念を定義することができる。つまり、

集合の元とはなるが、それ自身は元を持たないものと定義すればよい。この定義は、物体や生物の個体、個人等については、よくあてはまる定義であるように思われる。哲学の方でも、古く、これに似た定義によって、「個物」が定義されていたことがある。

ただし、今考えている集合論では、個々の自然数は、0をのぞけば、すべて、元を持つ集合であるから、個物にはならない。また、元を持たないものは、空集合しかないので、個物はたった一つしかないことになる。これは、少くとも不自然な感じのすることではな

かろうか。

ツェルメロの集合論では、無数に個物がある場合を許すようにしてある。しかし、フレンケルは、数学を展開するためだけになら、空集合以外の個物は、なくてすむことに気づき、ZFS集合論のかたちに、ツェルメロの集合論をあらためたのである。現在では、多くの数学者が、このフレンケルの考え方を、受けいれている。なお、空集合は集合の一種であるから、個物の仲間からはずすことにすれば、ZFS集合論は、個物のない集合論になる。

しかし、経験科学などに数学を応用する時にはどうであろうか。個物がない集合論では不十分だということになりはしないだろうか。

しかし、たとえば個人の場合なら、これに番号をつけることができる。健康保険証などでは、番号で個人を代表させている。ふつう、個人は名前でよばれるが、同名異人ということもありうることを考えると、番号の方が、固有名詞としては有用な場合があるのである。そうすれば、個人間の関係も、番号となっている自然数のあいだの関係によっていいあらわすことができる。そうして、自然数論は、集合論の一部である。だから、このやり方で、個人についての話を、個物のない集合論の中の話に翻訳できるのである。これは一つの工夫にすぎない。番号づけということをおもてに出さなくとも、経験の世界で出あう個物についての話を、個物のない集合論の内部の話に翻訳する手だてはあるのである。

もちろん、欲すれば、ツェルメロ流の、個物のある集合論を展開しておいて、これを経験科学に利用することもできる。

また、個物とは反対に、

元を持ってはいるが、自分自身は、他の集合の元にはならない集合というものも考えられる。こういう集合は、もしあるとすれば、きわめて大きな集合である。ZFS集合論では、こういう集合は存在しないことになっている。しかし、中には、こういう大きな集合が存在するとする集合論もある。この場合、そういう大きな集合のことを「類」という。類をみとめる集合論の中で有名なのは、ノイマン、ベルナイス、ゲーデル、という三人の論理学者がそれをつくるのに貢献したというので、三人の名前の頭文字をとって「NBG集合論」と呼ばれているものである。

十一　集合とは何か

「群」の名でよばれる数学的構造は、無数にある。ちょうど「犬」という普通名詞でよばれる動物が多数いるようなものであって、いわば、「群」は、集合に関する普通名詞である。「ユークリッド空間」「リーマン空間」なども同様である。

ところが、「自然数全体からなる集合」「実数全体からなる集合」は、ZFS集合論の公理と定義からいえば、一つしか存在しない。いわば、これは、集合に関する固有名詞である。

このように、集合論の中で定義される概念にも、普通名詞的なものと、固有名詞的なものがある。そうして、厳密なことをいうと、「群である」といわれる個々の数学的構造は、集合であるが、それを全部あつめたものはZFS集合論の中では、集合にはならない。しかし、「自然数である」といわれるもの、つまり0、1、2、……をすべてあつめたものは、「自然数全体の集合」とよばれる、一つの集合になるのである。

だから、「群」という普通名詞があるというよりは、「群である」という述語があるといった方がよく、これに対して「自然数全体からなる集合」という表現は、固有名詞になっているのである。

しかし、これも、集合論があつかっている対象の全体が一義的に決定されているとしての話である。果してそういえるであろうか。たとえば、集合論の公理が、たがいにことなる二つのことがらの、どちらにもあてはまるということはないであろうか。

この問に対しては、肯定的な答が与えられる。つまり、集合論もまた、そのあらわしていることがらを一義的に決定することはできないものであり、その意味で、蒟蒻問答的な状況は、集合論にもついてまわるのである。

その根拠の一つは、モデル理論的な考察を、集合論の公理自体に対して適用することによってえられる、レーヴェンハイム＝スコーレムの定理というものによってえられる。これは、集合論についてのメタ定理であって、集合論の中では証明できないが、集合論のなかで構成されるモデル理論をなぞりながら、集合論についてのより広いモデル理論をつくることによって証明されるものである。このメタ定理は、かなり昔から知られていた。

また、一九三一年に証明された、例のゲーデルの不完全性定理は、もともと集合論についてのもので、これを初等的理論に限定した結果が、前に引用した結果なのである。前に初等的理論についてのべたのとほぼ同様なことが、集合論についてもいえるので、このことを根拠にして、集合論の表現内容は、一義的には決定されない、ということができる。

しかし、このほかに、もっと具体的な根拠もあるのである。そのことをのべるため、以下、二、三の準備をする。

十二　選択公理

選択公理は、矛盾をはらんでいるのではないかとおそれている人達がいたことは、前にのべた。もともとこの公理は、解析学などで無条件につかわれていたこともあるのだが、カントルの集合論に矛盾が発見されて以来、このおそれにももっともなところがあるということになり、一時は、できるだけ選択公理をつかわないようにしようとする風潮が、数学の世界にみられたのである。事実、微分積分学などは、選択公理をつかわないで展開できる。

しかし、この公理をつかうと、定理の証明が大変やさしくなることが多い。また、ルベッグ積分論などでは、この公理をつかって始めて証明のえられる定理もあるし、また、代数学では、この公理と等値な「ツォルンの補題」とよばれる文を正しいものと仮定して証明をしなければならなくなることがよくある。そこで、選択公理を公理としてみとめたいと考える数学者も多かったのである。

そこに、一九三八年、ゲーデルが、次の重要なメタ定理を証明した。

ZFS集合論の公理から矛盾が出ないとすれば、これに新しく選択公理をつけ加えても、矛盾の出ることはない。

このメタ定理のおかげで、選択公理に関する不安は、かなり解消したといってよいだろう。もちろん、この無矛盾性の証明は、ZFS集合論の無矛盾性の仮定のもとでおこなわれたのだが、この仮定は、今のところ、この本の仮定でもある。つまり、ZFS集合論を信用するなら、選択公理も信用してよいということになるわけである。なお、同様なことは、NBG集合論についても証明される。

十三　構成可能性

ゲーデルがこのメタ定理を証明するにあたってつかった方法は、つぎのようなものである。

まず、いくつかの集合から集合をつくる操作、たとえば、集合ａとｂとから、その二つの集合ａとｂだけを元として持っている集合をつくる操作のようなものを、九つ考える。つぎに、空集合から始めて、このような操作をつぎつぎとほどこすことを、何回かくりかえしてえられた集合のことを、「構成可能な集合」という。ただし、この「何回か」は、有限回をさすとはかぎらない。一般には順序数でその回数があらわされるものとするから、無限回ということもありうる。ただ、漠然と無限回というのではない。九つの操作をほどこす順序も、その回数をあらわす順序数によってきまっているのである。

さて、ゲーデルは、この、ＺＦＳ集合論に矛盾がないとすれば、構成可能な集合の全体をつかって、ＺＦＳ集合論のモデルができることを示した。つまり、このモデルに関しては、ＺＦＳ集合論の文がすべて正しい文となるのである。その上で、このモデルについては、選択公理も正しい文となることを示したのである。さきほどのメタ定理は、このことからすぐに出てくる。

さて、もしすべての集合が構成可能な集合であるということが定理であるとすれば、今のべたことから、選択公理が、公理ではなく、定理であるということになる。また、すべての集合が構成可能な集合であるということは、不完全性定理にかかわらず、一つの弱い意味で、集合論のあつかうことがらに、一義的な性格が与えられたということになる。そこで、「すべての集合は構成可能な集合である」という文を「構成可能性の仮説」と呼ぶ。この論理を公理に加えても矛盾が出ないことは、さきほどのメタ定理の証明からいえることである。そこで、進んでこれが定理であるかどうかをしらべることが、論理学の重要な課題の一つとなった。また、構成可能性の仮説は証明されないで、選択公理の方だけが定理であることが証明される可能性もあるわけである。この可能性についてしらべることも、もう一つの大きな問題だった。

十四　連続体仮説

一つの集合の部分集合の全体からなる集合を、もとの集合の、べき集合という。一つの集合と、そのべき集合とでは、元の個数は、後者の方が大きい。これは、有限集合の場合には簡単にたしかめられることであるが、基数の概念をつかえば、無限集合の場合についても一般的にいえる。

このことは、カントルによって早く証明されている。そこで、カントルは次の問題を考えた。

自然数全体の集合の元の数をａとする。また、この集合のべき集合の数をｂとする。では、ａより大きく、ｂより小さな基数はあるだろうか。

カントルは、多分、そんな基数はないだろうと考えた。「そういう基数はない」とする文のことを、「連続体仮説」と呼ぶ。カントルは自分の予想が正しいことを、証明によって示そうと、いろいろ苦心したが、目的を達しないまま、世を去った。

また、この仮説を一般化して、
　任意の無限集合ｘと、そのべき集合ｙをとれば、ｘの元の個数より大きく、ｙの元の個数より小さい、ような基数は存在しない
とする文のことを、「一般連続体仮説」という。

構成可能な集合の全体で集合論のモデルができるということから、もし集合論に矛盾がなければ、一般連続体仮説を新たに公理として採用しても矛盾は出ない、ということはいえる。

しかし、一般連続体仮説が定理かどうかということは、残された重要な問題だった。

十五　コウエンの結果

一九六三年、ポウル・コウエンは、これらの問題を、一挙にといてしまった。すなわち彼は、

構成可能性の仮説

一般連続体仮説

選択公理

の、うちの任意の一つをとり、その否定文を、ZFS集合論に、新たに公理としてつけ加えても、もしもとの集合論に矛盾がないとすれば、新しく矛盾が生ずることはないということを証明したのである。この重要なメタ定理の証明法はかなりこみいっていて、ここではそのあらすじをのべることもできないが、この証明が正しいことは、多くの論理学者によって承認されている。

さきのゲーデルの結果とあわせると、このメタ定理は、この三つの文がそれぞれ、集合論の公理から独立であること、すなわち、その肯定形も、否定形も、定理とはなりえないこと、を示している。

これは、集合論が、きわめて強い意味で多義的な理論であることを示している。つまり、集合論があらわしていることがらの中には、ここにあげた三つの重要な主張が、それについてすべてなりたつものもあれば、すべてなりたたないものもあり、また一つがなりたって他がなりたたないものもあることを示している。たとえば連続体仮説がなりたてば、あ

との二つの文もなりたつから、なりたつ、なりたたないの組合せは、まったく任意にとるわけにはいかないが、いくつかの組合せは可能である。そのうちのどれが正しいのかについて、集合論の公理だけからは、一義的な決定をくだすことはできないのである。

選択公理は、さきほどのべたように、数学で需要の多い仮説であり、しかも矛盾に対して安全であることがわかったので、現在では集合論の公理に数えられるようになった。

しかし、構成可能性の仮説や、連続体仮説の方は、肯定形をとるべきか、否定形をとるべきか、については、まだ、はっきりしたきめ手がない。数学や、これを利用する自然科学で、どちらかにきめたいという状況がおこってこないからでもあろう。それにしても、たとえば昔から親しまれてきた自然数について、それをあつめてできる集合がすべて構成可能なものであるかどうかが決定されていないということは、自然数とは何か、という問に対する答さえ、一義的にはきまっていないということをふくむのであり、これは、人によっては、気持の悪い状況であると考えるであろう。

かつてラッセルは、「数学とは、何についての学問であるか、だれもわからずにやっている学問である」という意味の警句を吐いたが、この警句は、きわめて強い意味で、真理をのべているものだということになったのである。

十六　きわめて大きな数

自然数全体からなる集合の元の数になっている基数は、どんな自然数よりも大きな数である。さらに、この集合のべき集合の元の数は、もっと大きな数である。このことをくり返していくと、いくらでも大きな基数に達することができる。しかし、そういうことをいくらくり返しても達することのできないほど大きな数というものはあるだろうか。

このような問をもう少し精密にすると、つぎのような問ができる。

到達不可能な基数は存在するか。

ここで、「到達不可能な基数」という概念は、集合論のなかで定義されるものであるが、要するに、きわめて大きな基数であると考えておけばよい。

この問に対する答も、今のところ一義的にはきまっていない。しかし、論理学者の中には、このような数があるものとする仮説に興味を持ち、この仮説を公理に加えると集合についてどのようなことがわかるか、をしらべている人もいる。

このように、きわめて大きい数があるかどうか、ということは、浮世ばなれした問題であって、論理学者以外の人にとっては、どうでもよい問題だと考える人もいるかも知れない。

しかし、集合論の叙述文は、「である」という、よくつかわれることばの一つの用法と、文の否定をつくる操作、連言をつくる操作、全称文をつくる操作、さえあれば、それを組合せて書けるものばかりである。つまり、集合論の、任意の閉じた叙述文について、それが正しいかどうかを問うことは、日常よくつかっていることばのほんの一部によって表現される文の正しさを問うことであって、その意味では、きわめて日常生活に密着した問を問うことなのである。逆にいえば、日常生活で何気なしにつかっていることばの中には、きわめて抽象度のたかい問題が伏在しているのである、ともいえよう。

ともかく、「集合は存在する」とする実在論をとる人も、「では、その集合とはどんなものか」という問に対しては、一義的な答をあたえることはできない、ということが、以上のべたことから、明かになったことと思う。

第六章　抽象と具体

一　自然数

実在論の中では、集合の存在を主張するにとどまるものが、一番わかりやすいものであると考えられる。内包的な性質や関係の存在を主張する実在論の主張をはっきりさせるには、種々の困難がつきまとうことが、哲学界での議論によって明かになっている。もっとも、最近になって、この種の普遍者の存在をみとめる実在論についても、新しい解釈を与えることによって、その主張の内容を明確にさせようという動きも出てきてはいる。しかし、この動きは、結局、集合の概念に、内包的な普遍者の概念を還元させようとするものである。だから、結局、集合の存在を主張する実在論が一番有力なものであることは、動かないことであるといってよいであろう。

しかし、前章でみたように、集合とは何であるかを、現在の集合論は、一義的に決定することができない。つまり、集合のあいだの関係をあらわす重要な、閉じた叙述文でありながら、それが正しいか、正しくないかが、決定できないものがある。

この事情は、集合という抽象的なものを考えているから起ることではないか。集合論の意味づけは、それをつかって具体的な世界を叙述することによって始めて十分なものとなるのではないか。すなわち、このような叙述をこころみることによって、集合の性格を一義的に決定することができるのではないか。

こう考える人がいるかも知れない。

「具体的な世界」ということばが何をさすかは、人により、場合により、かわる。しかし、まず、自然数を具体的なものと考える立場をとりあげてみよう。

抽象的な集合一般ではなく、自然数でつくられる集合、したがって、たかだか、自然数全体からなる集合だけを考えて、それより大きい集合は考えないことにすればどうであろうか。自然数全体からなる集合は、無限集合の中では一番小さなもの、つまり、元の個数が小さなものである。せめてこれぐらいの集合をみとめることが許されなくては、現代の数学はまったく展開できないことになる。反面、自然数は、昔から、事物、特に、目に見え、手にふれる物体、を数えるのにつかわれてきたもので、日常経験とはもっとも密着したものである。それ自体は、目にみえないという意味で抽象的なものかも知れないが、このような経験との交渉を通じて、かなり具体的なものと考えられるようになっている。数えられないもの、たとえば液体の体積をはかる時にも、その測定の結果は、0から9までの数字を有限個ならべたものであらわされる。仮に小数点や、マイナスの負号がついているにせよ、これは、自然数をつかっての表記に加えて、二つの記号をつかうだけのことにすぎない。結局、自然数こそは、経験的な世界の叙述に欠くことのできない数なのである。

だから、自然数の集合に話を限定すれば、集合論から、多義性をけしさることができるのではないか、と考える人もいるかも知れない。

しかし、コウエンの結果のところでのべたように、自然数の部分集合の中に、構成可能なものがあるかどうか、という問に対しては、自然数全体の集合よりはるかに大きな集合の存在を仮定する、一般的な集合論によっても答えられない。したがって、自然数の範囲に集合を限定する集合論によってはなおのこと答えることができない問である。しかも、これは、今、その具体性がみとめられている、自然数の集合に関する問である。こう考えると、さきほどの、自然数の集合だけをとりあつかえば、話の内容が一義的になるとする予想は、根拠のないものだったことがわかる。

では、集合については一切語ることをやめたらどうであろうか。個々の自然数は、集合としてではなく、個物として存在すると考える。そうして、数学を数のあいだの大小とか、四則演算の結果、とかだけを問題にすることにしたらどうであろうか。さきほどものべたように、日常生活での経験では、数えたり、有限の数字で測定値が記録される測定につかわれるのが、自然数の主な役目である。そうだとすれば、右にのべたような数学だけで、生活をして行くには十分だといえないだろうか。集合についての問などは、実は答を探す必要のないものではなかろうか。

しかし、こうした数学でも、ある条件をみたす数のあるなしは、問題にする。たとえば一つの数nが他の数mで割り切れるかどうかは、日常生活でもよく問題になることであるが、これは結局、

(n＝x×m) で (x＝1) ではない)

という条件をみたすxがあるかないか、を問題にしていることである。

だから、ここでいわれる数学は、初等的自然数論であるとしてよいであろう。ところが、これも前にのべたように、初等的自然数論に対してはゲーデルの不完全性定理がつきまとい、どんなに公理をふやしても、その正しさが決定できない叙述文が、つねに存在する。つまり、初等的自然数論もまた、その表現している内容を、一義的に確定はしないものなのである。

個々の自然数は、集合よりははるかに具体的なものと考えられることも多く、したがって、集合の存在を否定し、数学的な対象の中では個々の自然数の存在だけをみとめる立場を、「数学的唯名論」とよぶぐらいである。しかし、右のようなことを考えると、自然数だけを問題にする数学もまた、抽象的なものだということになる。「抽象」ということは、

多くのものごとに共通のことがらをひきだすということだが、初等的自然数論が多義的であるということは、多くの初等的構造の共通な面をあらわしているということであるから、正に、この「抽象的」ということばが、この自然数論にあてはまるということになるのである。

二　時間

数学は、しょせん、抽象的な学問である。そののべることが、つねに多義性につきまとわれているのはやむをえないことであり、むしろ、その応用の可能性を広くするという意味では、かえって好ましいことでもある。集合論が数学を統一する理論であるならば、これに、この多義性がつきまとうことも、必然的なことである。

こう割り切ってしまうこともできよう。しかし、抽象ということがあれば、具体がある。数学は、もちろん、それ自体の興味でも研究されるものではあるけれども、一般の人々が、この学問に意義をみとめるのは、それが、具体的な世界の解明に役立つからである。「まったく具体的な世界からきりはなされてしまった学問は、実は一つの知的な遊びにすぎないものになってしまう」と考える人も多いはずである。

では、数学の持つ抽象性を脱した、より具体的な世界とは、どのようなものであろうか。

多くの人は、この問に対して、文字通り、からだをそなえたもの、つまり、物体の世界である、という答を用意する。では、物体とは何か、と追いかけてきく時に、「自然科学の研究対象となっているもの」と答えるのは、この際、あまり適切なやり方ではない。なぜなら、自然科学は、数学を、それも、自然数論などには限定されず、大きな集合の概念をふんだんにつかう数学を、大いに利用してものごとを記述する学問であり、したがって、自然科学のえがいてみせる物体の世界から、集合の世界をきれいに切りはなすのは、なかなかむずかしいことになるからである。

そこで、用心深い人は、「空間の中に位置をしめ、ひろがりを持ち、時間とともに変化し、かつ、五感でその存在と変化とが知られるもの」といった答をするかも知れない。この答の中には、「時間」ということばと、「空間」ということばとが登場する。そこでまず、「時間」や「空間」ということばが、何をさしているか、を考えてみよう。この本でも、今までは、時には「現実の時空」などということばをつかい、そういうことばの内容が一義的に決定されているかのように話をすすめてきたこともあったが、果してそういうことがいえるのかどうかを、ここであらためて吟味してみようというのである。

「時間というものについては、ふだんはわかったつもりで何気なしに話しているが、さてあらためて、時間とは何か、ときかれると、返答に窮してしまう」という趣旨のことをいって、中世ヨーロッパのある思想家がなげいている。時間について論じようとする人の多くが、この発言を引用するところをみると、時間についての理解をまとめることは、必ずしもたやすいことではないようである。

同じことは、空間についてもいえよう。「空間とは何か」とあらためてきかれれば、まごつく人が多いのではないかと思われる。

しかし、こうしたなげきやまごつきにかかわらず、時間や空間についての知見を定着しようとする動きが昔からおこなわれてきたことも、事実なのである。

まず、時間についていうと、これは、時刻あるいは時点のあつまりとして表象されているのがふつうである。そうして、この時点のあいだには、順序がある。つまり、時間的な前後関係である。過去、現在、未来、の区別である。

ここまでは、たいがいの時間表象に共通なことである。しかし、これから進んで、この順序関係の性質になると、考え方がわかれる。

まず、一番最初の時点があるとする考え方があり、これを否定する考え方がある。後者の考え方にも、時点aが時点bにさきだつことと、bがaにさきだつこととが両立するとするもの、つまり、いわゆる「円環的時間」を考えるものと、これを否定し、過去は無限にさかのぼれ、かつ、過去と未来が現在以外の時点でつながることはできないとするものとがある。

同様に、最後の時点があるとする考え方と、これを否定する考え方とがあり、後者には、円環的な時間を考えるものと、そうではないものとがある。

また、時点と時点とのあいだに他の時点がはさまるかどうかという問題については、
一、離散的順序を考えるもの、つまり、任意の時点に対しては直前および直後の時点があり、直前の時点とのあいだ、直後の時点とのあいだには、時点がない、とするもの。
二、稠密な順序を考えるもの、すなわち、任意の二つの時点のあいだに、必ず他の時点があるとするもの。
三、実数全体の集合、あるいは実数の区間、と同相な順序、つまり、連続な順序、を考えるもの。
がある。

これらの可能性のどれとどれとを組合せるか、で、時間の表象には、さまざまな種類があることになる。

これは、歴史的に有名なものだけをあげたのである。たとえば古代ギリシャ人は、離散的で円環的な順序を考えていたようである。ほかにもいろいろな順序が可能である。半順序しか考えない時間表象もありうるし、よく考えられる半順序にもまた実にさまざまな種類があることは、よく知られているとおりである。

したがって、一口に「時間」といっても、その構造は、決して一義的にきまっているわけではない。その中で、どれが正しい時間であるかをきめようとして、たとえば自然科学

の助けを借りようとすれば、さきほどのべたように、集合の世界との交通を大幅に復活することになる。これは、今は、避けられるなら避けてみようとしていることではなかったか。

現代の日本人の多くは、時点の順序を、実数の順序と同相なものと表象しているようである。今、仮に、何等かの根拠で、これが唯一の正しい表象であるということがわかっているものとしてみよう。しかし、そうだとしても、時間の構造が、一義的にきまってくるわけではない。実数全体の集合と同相な構造はいくらでもありうる。その上、集合の概念の多義性を考えれば、「実数全体の集合と同相」ということばの意味もまた、実は一義的には確定していないということになるのである。

「順序」ということばを通して、さしあたり禁断のはずだった集合論のことばを持ち込んだからこんなことになったので、日常のことばで時間について語っていれば、一義的に内容が表現できるはずではないか。こう反問する人もいるかも知れない。しかし、日常のことばでの表現が混乱していてその内容がはっきりしないため、これを整理しようとして、論理学や集合論では、順序や半順序の概念を明確に定義し、この概念が適用される構造の分類をこころみたのである。したがって、このような定義や分類をすてて日常のことばでの表現にかえることは、一義性に近づくよりも、むしろ多義性による混乱をいっそうますことになりがちなのである。

たとえば、浮世根問の八公は、時間をさかのぼるとどうなるか、についても隠居に根ほり葉ほり、きくかも知れない。この時、隠居が、「時間の始めというものがある」と答えたとする。そうして八公が追いかけて、「その始めの前は」ときいたとする。「その始めの前は、もうもうとした時間でな」と隠居がいってしまったら、彼は喘息の発作が起きるまで追及を受けることを覚悟しなくてはならない。なぜなら、「時間の始め」という概念は、「その前の時点はない」ということをふくむものであるはずなのである。つまり、「その前の時点は？」ときくことが許されないはずのものである。それなのに、隠居は八公の質問にのってしまい、その前の時間というものがあるかのように答えてしまった。つまり、隠居の時間の概念は、「最初の時点があり、しかも最初の時点はない」という矛盾をはらむものだったのである。矛盾したもののいい方では、何ごとも正しくは表現できないのであるから、追及をうけて喘息をおこすようになってしまうのは、当然であろう。ここは、「時間の始めの前の時間なんてものはないんだ」と厳然といいわたすべきだった。つまり、さきほどあげた時間表象の種類のうち、「最初の時点がある」とする表象を自分は持っているのだというべきだった。八公の方は、おそらく、最初の時点などはなく、無限に過去にさかのぼれるという表象を持っていたのだろう。また、実数の集合と同相なものとして考えているという診断が正しければ、現代日本人の多くもそう考えているであろう。そういう人は、八公とともに、「ではなぜ、時間には最初の時点があるとしなくてはならないのか」ときくことであろう。ここで、宇宙のはてについての浮世根問の場合と同様、存在論から認識論への移行の段階があらわれることになろう。それからさきの進み方をどうするべきかも、決してやさしい問題ではないが、ともかく、概念を整理しておけば、浮世根問は、一つの混乱からはぬけだすことができるのである。

三　空間

「空間とはどのようなものか」

という問に答えようとして生れたのが、幾何学という学問だったといえる。エウクレイデスによって集大成された古代ギリシャの幾何学は、ながいこと、ヨーロッパ人には、十分な答をこの問に対して与えているものと思われていたので、時間についての場合のような深刻な問題は生じないと考えていた思想家も多いように思われる。つまり、エウクレイデスの「原論」の内容は、想像的直観によってとらえられるべき空間図形の性質についてのべたものであり、現実の空間図形がこれと近似の関係にあることも、直観的に把握されることだと考える人が、かつては多かったようである。そうして、このことは、空間の構造が一義的に決定されていることを保証するものと考えられていたようである。

しかし、第四章でのべたように、これは幻想だったことがわかった。「ユークリッド空間」の概念のあてはまる構造は、実に種々さまざまである。想像的直観をはたらかせるといっても、他人が直観しているものがどのような構造であるかを知る手だてはない。

また、近世以後になってからは、はたして人間の住んでいる空間が、ユークリッド空間であるかどうか、が、疑われるようになった。よく知られているように、アインシュタインは、始め、この空間は時間とともにミンコウスキ空間になっているといい、やがて、特異リーマン空間であるといった。これに対して、ニュートンは、ユークリッド空間であると考えていたといわれる。

さて、ニュートン、初期のアインシュタイン、後期のアインシュタイン、のいずれが正しいかということは、時に誤解されているように、想像的直観によって決定されるべきことではなかろう。平行線の公理の場合で明かになったように、想像的直観の能力というものは、仮にあるにせよ、そのおよぶ範囲はかぎられていて、大きな空間的ひろがりについて一つの幾何学的な文が正しいかどうかを決定することはできないのである。あるいは、きわめて短い時間のことをみとおすことはできないのである。ところが、ニュートンとアインシュタインのあらそいが起きるのは、正に、このきわめて大きなひろがりや、きわめて短い時間に関してなのである。

アインシュタインとニュートンとのあいだの意見のちがいは、次のように表現するのが適当であると思われる。まず、両者とも、空間の各点に実数の三つの組を、時点に、実数を、対応させることができることを承認している。いわゆる時空座標である。そうして、ニュートンは、空間の各点のあいだの距離を、この座標をつかって定義する。アインシュタインの方は、事件、つまり、時点と空間点との対と対とのあいだの距離を、この座標をつかって定義する。したがって、基礎になっている時点、空間点の集合としては、両者とも、(三者とも)同じものを考えているとしてよい。ただ、距離の定義として何をとるかによって、空間がかわってくるのである。もちろん、この定義の選択は、物理学的な配慮によってきまることなのである。このようにして、「時間点、空間点、そのものはとりかえずに、空間をかえることができる」といういい方がとおる状況が生じたのである。つまり、空間のちがいは、何に着目して「距離」という概念を定義するか、にかかっている。ニュートンの定義を採用すれば、現代でも依然として空間はユークリッド空間であるといってよい。特殊相対性理論での定義を採用すれば、ミンコウスキ空間になり、一般相対性理論の定義を採用すれば、特異リーマン空間になる。あたかも、床の間にある同じ置き物をながめながら、見立て方を変えることによって、「あれは牛だ」「いや虎だ」「いや猫だ」といいあっているようなものである。

こうして、いわば、人間の認識の便宜、つまり、物理学の組織のための便宜によって、同じ一つのものが、さまざまのちがった空間だと考えられるようになった事態を、昔のユークリッド空間しか知らなかった人は、どう評価するのであろうか。予想される一つの答は、「基礎になっている時点、空間点の集合に変りがない以上、時空は、依然として同じものなのではないか。特に、空間には、何の変化もなかったのではないか」とするものであろう。実際、たとえばユークリッド空間において座標変換をすると、一つの図形を表現する方程式のかたちはかわるが、だからといって空間がかわったとはいわないのがふつうである。同様に、時点、空間点はそのままで時空点の距離をあらわす式がかわったということは、広い意味での座標変換にすぎない、といっていえないことはないであろう。

しかし、距離が定義されていない、いわばはだかのままの時空点のあつまりは、それだけでは、空間の名に価しないものである。そこには何の構造もはいってはいないからである。さきほど、同じ座標集合に、いかようにも距離がいれられるといったが、実は、そのような集合が三つあり、それに、それぞれの距離が定義されて三つの空間が生じたのだとしても、一向にかまわないわけである。つまり、「はだかのままの時空点の集合」という概念をたててみても、それが表現すべき内容は、一義的にはきまってこないのである。

だから、やはり、ユークリッド空間か、ミンコウスキ空間か、特異リーマン空間か、という区別は、空間の区別といってよいであろう。この中でどれが正しい空間か、という問題をとりあげるなら、自然科学によって叙述される世界の話をさけてとおることはできなくなる。なぜなら、数学的にいえば、実数の四つの組からなる集合の元のあいだに、どのやり方で距離を定義しようと、その定義が矛盾をはらまないかぎり、どれが正しくてどれが正しくないということはいえないからである。

なお、こうして、距離の定義がかわれば、空間もかわる、といういい方を採用するならば、同じ一つの空間、たとえばユークリッド空間、についても、「座標変換によって空間がかわる」といういい方を採用してもよさそうに思われる。事実、心理学者のつかう「知覚空間」ということばは、このような、座標変換によってかわる空間を、さすことも、多いようである。

アインシュタインは、「このような座標変換に対して、法則のかたちは変らないように、物理学はきずかれなくてはならない」という要請をたて、この要請にあわせて物理学の再編成をこころみ、二つの相対性理論をつくりだしたのだった。さらに、ニュートンの空間と自分の空間とのあいだの、広い意味での座標変換を考え、これによって、ニュートンの力学を、自分の力学に統合しようとしたのである。

このことは、逆にいえば、物理法則によっては、空間の構造は、一義的に決定されないということである。さもなければ、「多様な空間を通じて変らない法則」という概念は無意味になるから。あるいは、「物理学的な空間の構造は、同一の法則をなりたたせているというかぎりにおいて、決定されている」といってもよい。要するに、物理学の法則をたてたところで、空間の多義性を消すことはできない。むしろ、法則は、この多義性を予想してたてられているものといってよいであろう。

この場合も、日常生活のことばにもどることによって一義性を獲得しようというねらいは、成功しないといってよいであろう。よくいわれることであるが、アインシュタインは、「同時におきた」という日常的な語法の持っているあいまいさに着目し、その用法を整理分類し、混乱を除去しようとこころみることが、相対性理論的な考え方に向うきっかけをあたえると説いている。「同じ長さ」といった語法についても、同様なことがいえるとしている。相対性理論が、時空の概念の内容をすべて明確にとり出して分析しているかどうかは、また別の問題である。むしろ、相対性理論の概念の整理をめぐって盛んに哲学的な議論がたたかわされているのが現状であるけれども、アインシュタインやミンコウスキのおかげで、日常のことばにひそんでいたあいまいさが、かなり減ったことは、否めないであろう。

集合論、すなわち、数学、では、このほかにも、種々の「空間」と呼ばれる数学的構造を定義している。それは、必ずしも、「空間」ということばを乱用しているのではない。それぞれが、かなりちがった内容のものではあるが、それがひとしく「空間」とよばれるのは、結局、何等かの意味で、ユークリッド空間の概念の拡張ないし修正と関連があるからである場合が多いのである。これだけ多様なやり方で一般化ができるということは、いいかえれば、「ユークリッド空間」という概念の内容の豊富さをものがたることでもあろう。それだけエウクレイデス、あるいは彼がその仕事を継承した、古代ギリシャの数学者達は偉大だったのだ、という人もあろう。だが、反面からいえば、これは、「ユークリッド空間」の概念がきわめて多義的であることを、ますます立証するものでもあろう。そうして、この多義性は、日常生活での語法だけにこだわっていたのでは、明かにならなかったことなのである。

四　五感

時点や、空間点は、想像的な直観を持ち出す考え方でいえば、肉眼では、みえないものである。だから、時空は、まだ、抽象的なものであり、したがって、それについての話が多義的になるのもやむをえない。より具体的なものに近づくことにより、話を一義的にすることができる。

このように考える人がいるかも知れない。では、そのより具体的なものとは何であろうか。

「物体」と答えたいところであるが、さきほどのように、「時間」や「空間」の概念をひきあいに出して物体を性格づけたのでは、この二つの概念の多義性にひきずられて、物体にも抽象的なところがあるということになってしまいそうである。そこで、時間や空間への言及をさけて、端的に、「五感でとらえられるもの」としてはどうであろうか。この考え方では、前に「感覚所与」とよんだものが、この、もっとも具体的なものということになるわけである。

これは、たしかに、「具体的なもの」という概念がよくあてはまるものの一つといってよいであろう。「痛切」ということばがあるが、触覚の一部としての痛覚は、それこそもっとも痛切なものであって、これがおとずれている時に、人は、何ものかが、さからいようもなく存在しているということを、疑うことはできない。痛みの原因になる事物がいつもみつかるとはかぎらないが、とにかく、痛みのさなかにある人に、「その痛みがあるというのは気の迷いですよ。痛みなんかほんとうはないのです」などといっても、まず無駄であろう。

「痛いまでの青さ」「耳が痛くなるようなきつい音」「痛いほどつんとくる香」などと、痛さは、ほかの感覚の程度の強さをあらわすのにももちいられる。とにかく、「痛いほどの」といわれるような強い感覚を味わっている時、その感覚所与は、もっとも具体的なものの一つであろう。

しかし、ここで話をはっきりさせなくてはならないのであるが、今まで追ってきたのは、具体的なものは何か、ということよりも、どのような言語表現が、具体的なものを名ざせるか、ということだったのである。たとえば、「ユークリッド空間」というものは、実に多くの構造を、一度に名ざしている。だから、そういう構造、あるいはむしろその基礎集合の元の中に、きわめて具体的なものがあったとしても、それを、「ユークリッド空間」という概念や、これに関連した概念は、いわば的中、というかたちで、一義的にぴたりと名ざすことはできない。「ユークリッド空間」ということばは、多くの構造に共通なことがらをさすことができるだけである。

そこで、感覚所与の場合にも、これをいいあらわそうとして「痛い」「冷たい」「熱い」「赤い」「青い」「白い」「(音が) 高い」「(音が) 低い」「かぐわしい」「くさい」「甘い」「辛い」などのことばをつらねれば、その個別的な感覚内容をぴたりと指せるかどうか、ということが問題なのである。答は、もう明かと思えるが、否である。なぜなら、こういった形容詞は、多くの感覚所与に共通な性質をさしている。したがって、これをいくらつらねても、痛切に感じられている個別的な感覚所与そのものだけを、うまく、指示できるとは、考えられないからである。

しかし、普通名詞の「犬」ということばに「この」をつけ、「この犬」という表現をつくり、これを適当な文脈でつかえば、眼前の個体、すなわち、文字どおり、からだをそなえた、具体的なものを指すことができるではないか。したがって、感覚所与についても、「この赤く、手ざわりがなめらかで、低い音がしているもの」などといういい方で、個別的なものを一義的に指定できはしないであろうか。

だが、感覚所与は、それを感じている当人にしか、じかには、とらえられていないものである。そうして、その当人は、いくら、「この」をつけたとしても、言語表現では、十分には、感覚所与の内容をすべてはいいつくせない、とみとめることが多い。逆にいえば、感じられているものが痛切であればあるだけ、わざわざことばに出していわなくとも、当人にはその内容がよくわかる。だからこそ、その言語表現が不十分であることが強く意識されもするのである。

そうして、当人ならぬ他人は、その感覚内容を、当人の発することば、表情、身ぶり、当人のおかれている状況、から察するほかはない。このようなもののすべてを、広義の言語表現ということにすると、それが指示しているものを一義的に決定することはできないのである。これは、「蒟蒻問答」が示している状況の原型に、ほぼ近い状況であるといってよいであろう。たとえば、「赤い」という色と、「青い」といわれる色とを、大部分の人は弁別する。このことは、簡単にたしかめることができるが、さて、その「赤い」ということばのさす色と、「青い」ということばのさす色とは、それぞれどんなものか。たとえば、aという人にとっての青と赤とが、bにとっては完全にいれかわっていたとしても、そのことを、aもbもともにみやぶることはできない。一部の人は、青と赤とを混同する。するとその人にとって、二つの色が同じようにみえるだろうということはわかる。しかし、それが、たとえばaにとっての青にみえるのか、bにとっての青（つまりaにとっての赤）にみえるのか、ということは、ふたたび、わからない問題である。

感覚所与についての話をしらべれば、多くの人が共通にみとめることがあることがわかる。たとえば、色についていえば、赤、青、黄、がそれぞれちがう色であることとか、虹の七色が、赤、橙、黄、緑、青、藍、菫の順序にならんでいることとか、二つの色のどちらが明るくみえるかについての判断とか、いったことである。こうしてまとめられたことを整理すると、それをもとに一つの数学的な構造を定義することができる。たとえば、知覚心理学の方でよくいう、色の六面体、といったものは、その一例である。

　このような数学的構造は、特定の個人が感ずる感覚所与相互の関係を知り、また、感覚に関する個人差を知るのに、きわめて有用なものである。たとえば、二つの色を一人の個人が一定の時点に、どのぐらい「近く」感じたか、というようなことが、この種の数学的構造によって、明確に表現できる。

　しかし、ふたたび、数学的構造には、例の多義性がつきまとうことを思い出さなくてはならない。この構造は、一義的な指示はなしえないのである。

　哲学者の中には、個別的な感覚所与をその都度、一義的に、かつ、明確に指示することのできる単語をそなえた言語、というものの存在を想定し、この想定にもとづいて、認識論や、存在論を展開しようとしている人もいる。そういう試みも、まったく無益であるとはいえない。しかし、現実に、そのような言語を提示することは、できない相談である。したがって、そのような哲学での議論は、かなり、持ってまわったものにならざるをえない。この本では、この種の哲学には、ふかいりしないことにしよう。

ともかく、感覚所与のレベルまで話をひきもどそうとしても、具体的なものをことばによって一義的に指示することは、できないのである。

唯名論者の多くは、五感でとらえられる個物、つまり感覚所与こそ、もっとも具体的なもの、その存在がたしかなものだと考えて、存在論の問題を、この個物の存在の問題に還元しようとした。感覚所与の具体性については、実在論者の中にも、これをみとめる人がいる。たとえば集合の存在をみとめる人の中にも、「集合の方はどうも抽象的で、いわばその存在の感じが稀薄である。これに対して、個物であるところの感覚所与の存在は、きわめて生き生きと感じられる。また、こういう個物が存在しないとしたら、集合の存在を考えても、意味はない」といった感想をもらす人もいるのである。

だが、その具体的なものについて話をしようとすれば、結局、その感覚所与の性質、相互の関係、をことばにのせて語るほかはないために、結局、整理して行けば、抽象的な、数学的構造についての話に、終始することになってしまうのである。

五　心

五感でとらえられるものについては、いかにそれが個別的なものであるにせよ、今いったように、人々のあいだで通ずる話をすることができる手段もある。そうして、この話によって、少くとも、論理的な構造は、多くの人の感覚所与の世界のあいだで、共通な面のあることがわかる場合がある。たとえば、虹の上の色の配列などである。

もっとも、味のうまい、まずい、の関係になってくると、個人差は大きくなってくることは、よく知られているとおりである。そうして、味覚は、単なる五感ではなく、価値判断の介入してくる感覚だから、このような個人差が生じてくるのだということも考えられる。

こうして、感覚に加えて、価値判断とか、感情といったものが強くきいてくる問題をとりあげることにより、哲学は心の領域にふみこむことになる。

心こそは、人によって千差万別である。その動きは、きわめて複雑で、流動的である。そのさまざまなはたらき、状態、をさすためのことばはいくつもあるけれども、そういうものの組合せでは、とうていえがきつくせないほど、ユニークな動きを、心はしょっちゅうしている（と少くとも、多くの人は思いたがっている）。

ここにこそ、どんな言語表現でも決して十分にはあらわせないほど、個別的で具体的なものがあるのではなかろうか。「具体的」というのは、もちろん、空間的なかたちをそなえているという意味ではない。ことばの持つ抽象性のために、ことばではあらわせないということである。色では、赤と橙の方が、赤と緑より近い色にみえるということは、一人の人だけにとってではなく、多くの人にとって同じようになりたっていることである。しかし、たとえば、怒りと喜びの関係はどうであろう。時に、これほどかけはなれている感情もないかと思えば、時には、その二つはわけがたく共在して心をなみだたせる。何に怒り、何に喜ぶか。他人の心は、この点でも実にはかりがたい。このように、怒りと喜びとの関係が不安定なものであるとすれば、そもそも、「怒り」と「喜び」ということばは、関係の項としてでさえ、意味を持たないものではなかろうか。「赤」と「緑」ということばは、それ自体では指示内容を一義的に規定できなかったが、その指示内容のあいだの関係は、このことばと、たとえば「近い」「遠い」ということばをつかって示すことができた。しかし、「怒り」と「喜び」については、それさえもできないではないか。

だが、こうして心の「具体性」を強調することは、一方からいえば、ますます心についての言語表現が絶望的であることを強調することになる。そうすれば、具体的なものだといいはることは、心について何もいわないことになってしまい、無意味なことになりはしないであろうか。

だが、逆説的なことであるが、「aについては語れない」ということは、aについて語るための一つの方法なのである。「言語を絶する状況」「名状すべからざる怒り」「筆舌につくしがたい経験」、こういった表現はみな、状況や怒りや経験について何ごとかをのべ、そのかぎりでそれを限定しようとしている。

心は、人々が、好んで、この逆説的な語り方でそれについて語りたがるものの一つといってよいであろう。しかし、そういったものは、心だけにはかぎらないのである。

たとえば、すでにみたように、集合とは、論理学の発展にかかわらず、それが何であるかを一義的には語れないものであった。むしろ、論理学が進歩すれば進歩するほど、集合とは何かという問に対して、一義的な答を与えることはむずかしいことが明かになったのである。しかし、このことは、反面からいえば、集合の性格についての人間の知識をふやしたことであるともいえるのである。

また、心理学者、精神病理学者、文学者は、より積極的に、心の状態やその変化について語る。特に、常人には考えられないような異常な状態についても、きわめてくわしい叙述をおこなうことがある。それは必ずしも無意味なたわごととしてではなく、むしろ、貴重な報告として流通していることも多い。もちろん、ことばによる報告が、解釈の多義性をまぬがれえないのは、当然のことである。たとえば若い時に感動して読んだ小説を、中年になってから読みかえしてみて、「あの時は主人公の気持を誤解していたんだなあ」と思いあたる経験を持つ人も、多数いるであろう。くわしくいえば、気持の正解と誤解の厳密な区別があるわけではない。若い時に、主人公の気持と想定したものと、中年になってから想定したものとにくいちがいができただけの話である。二回ともその読者が感動したとすれば、彼にとってその小説は、二回とも、意味のあることをつたえたことになる。しかも、それは、作者の意図したこととはまた別のことであったとしても、一向にかまわないことであろう。要するに、小説がかわらずにあらわしているものは、いわば心の動きの形式だけなのであるが、その形式のあらわし方の上手、下手にこそ、小説のいのちがかかっているのである。

こうして、心というものをひきあいに出しても、今まで考えてきた、自然数、時間、空間、感覚所与の場合とちがって、ことばが具体的なものに特に肉薄できると考えるべき根拠はないこと、しかしまた、これらのものについての場合と同様、多義的な解釈をまぬがれえないかたちで、心について、くわしく語ることはできることが明かになったのである。

六　感じ

ことばによって、一義的に、具体的なものについて語ろうとすることは、以上のことを考えると、絶望的なこころみだということになるであろう。

では、抽象と具体の区別は、ことばの上だけのむなしい区別なのであろうか。特に、具体的なものをことばで名ざすことはできない以上、ことばで語ることができるものは、つねに抽象的なものについてだけなのであろうか。

抽象的なものと具体的なものとの区別を絶対化しようとすれば、右の問には、肯定的に答えざるをえないであろう。しかし、相対的な意味でなら、両者の区別について語ることは、十分、可能であると思われる。

まず、感じによる区別がある。右にのべたことにかかわらず、多くの人は、自分の心の動きについての話をもっとも具体的なものについての話と感じ、ついで、感覚所与の関係についての話、さらに、物体についての話、を具体的なものについての話と感ずる。時間、空間についての話は、すでに、やや抽象的なものについての話であり、自然数の話になると、抽象の度合はさらにまし、集合についての話は、もっとも抽象的なものについての話である、と感ずるようである。

もっとも、感じには個人差があり、また、同じ個人でも、変化する。数学者や論理学者などのように、長年、数学的構造や集合のようなものをあつかいつけている人達の中には、そういったものの方が具体的なものだと感ずるようになる人もいるようである。たとえば、コウエンは、ZFS集合論が矛盾をはらんでいる可能性が絶無ではないこと、もし矛盾をはらんでいるとすれば、何ものをも表現していないことになること、をみとめながらも、この集合論が表現しているもの、特に、そのある種のモデルに、「ほとんど、物理的事物に感ずるのと同じような現実性を感ずる」とのべている。

唯物論的な傾向の人の中には、物体を一番具体的なものと考え、心などは、抽象的なもの、むしろ、存在しないもの、と感ずる人も多いようである。

宗教的な人には、超越的なものの存在を、もっとも具体的に感ずる人もいる。たとえば一神教信者の中には、神の存在を、物体や、生物や、人間や、自分自身などよりもはるかに具体的な存在と感じ、これにくらべればほかのものはかすんでみえると、本気で思っている人もいるようである。

このように、それぞれの感じによって、具体的なものと抽象的なものとがわけられる。ただし、この感じが、何にもとづいて生ずるものなのかは、必ずしもうまくはいえないようである。なまなかな区別の基準では、今までのべてきたような事情があるために、首尾一貫したいいかたをつらぬくことはむずかしいであろう。

七　抽象化

ゲーデルの不完全性定理の証明は、偉大な業績ではあるが、それによって構成される、自然数に関する叙述文の正否は、ふだん、多くの人は、気にしないことであろう。自然数の集合の中に、構成可能ではないものがあるかどうか、という、コウエンの結果によって示唆された、そうしてZFS集合論の公理を動員しても、答の出ない問題にも、興味を持つのは、論理学者ぐらいのものかも知れない。

つまり、多くの人にとって、初等的自然数論は、自然数について、十分くわしい情報をあたえてくれるものである。だから、これによって表現されている初等的構造が何種類もあろうとも、そのうちの任意の一つが固定されているものとみなし、この特定の初等的構造の基礎集合の元である個々の自然数こそが、具体的な自然数なのだとすれば、この人達の気持をかなり忠実にあらわすことになるのではなかろうか。この「任意の」初等的構造がどれであるかを特定できないのはもどかしいことであるが、とにかく、一つに固定されているとすれば、初等的自然数論の叙述文の多くは、一義的な意味を持つようになる。

同じようにして、感覚所与に関する話にしても、物体に関する話にしても、一義的な意味を持ったものと見立てることができる。おそらく、これが、日常生活で、ふだん人々が、ことばをつかっている時の気持であろう。

「赤い果物の盛ってある皿が青い布のかかっているテーブルの上にのっている」という文での「赤い」と「青い」のさす色が人によっていれかわっているかも知れない、などというのは、「蒟蒻問答」に影響を受けすぎた哲学者だけかも知れない。

このような、いわば「絶対化」の手続きをすることにより、一応、具体的なものの世界というものを固定することができる。その上で、これを出発点として、この具体的な世界をその一例としてふくむ、より抽象的な世界にのぼって行くことができる。たとえば、物体の世界であれば、その一部となっている時空の構造を一例とする、より一般的な空間というものを考えることができる。このようにして、いわば抽象のはしごをのぼって行くことにより、より抽象的な世界に進んで行くことができよう。

さて、このように抽象化をすすめるということは、具体的な世界からそれだけはなれるということである。話はそれだけ一般的なものになり、多くのことがらに通ずるものにはなるが、それだけ、内容は稀薄なものになりそうである。経験主義的な人が抽象的な話を好まないのも、このおそれからきていることだと思われる。しかし、果してこのおそれは正しいであろうか。

たとえば、感覚された一つの色を、「赤い」という時、すでに抽象化は始まっているといえる。赤い色は、ほかにもいくらでもみたことがある。そのさまざまの色に共通の面だけが、「赤い」ということばですくいだされ、眼前の色を、その色にしている個性は捨象されている。

ふつうは、このようにいわれるのである。しかし、だからといって、赤いとも青いともいわず、ただ黙っているだけでは、眼前の色についてもちろんなにごとをものべることはできない。すでに、具体的な世界を、ことばによって表現される世界の中からえらびだすことにした以上、「赤い」とか、「青い」とかいったことばを少しでもつかった方が、具体的な世界の内容にふれたことになるのである。

とすれば、抽象化のはしごを一つのぼることは、かえって、話の内容をよりゆたかにすることではなかろうか。たとえば、不完全性定理の証明を読んだ人は、「具体的な」自然数の世界について、今までは気づかなかった問題があったことを知る。この問題への答を、公理からみちびきだすことができないのは、前にいったとおりであるが、このメタ定理の証明の基礎になっているメタ理論的考察は、問題の叙述文、つまり公理からは証明も反証もできない叙述文の、否定形よりは、そのままのかたちのものの方を「真」な文として採用すべきことを示唆している。つまり、そのままのかたちのものを、新しく公理として採用すべきことを示唆している。もし、その示唆にしたがうならば、自然数の世界についての情報が、それだけふえたということになるであろう。

同様に、感覚所与としての、赤く四角いかたちを、机の上におかれた本の表紙としてみることは、感覚所与だけを具体的な存在者とみとめる立場からいえば、抽象のはしごを一歩のぼることになる。だが、そのことは、かえって、感覚所与の世界についての話の内容を、いっそうゆたかにすることでもあろう。

このようなことを考えれば、抽象化の効果を消極的なものとするさきほどの予想は、まちがっているものというべきことになるであろう。このことをもう少しくわしく追って行けば、二世界説の再評価という問題が生じてくるのである。

第七章　現象と実在

一　復習

二世界説では、現象と実在とを区別し、現象を実在の不完全な近似とみなす。これに応じて、人間の認識能力も二通りにわける。つまり、実在を認識する能力と、現象を認識する能力とである。そうして多くの二世界説論者は、前者は気をつけてつかえば正しい認識ができるが、後者は、あやまりをおかしやすいとする。

この二世界説は、何の証拠もなしに独断的に提出されたものではない。たとえば、エウクレイデスの「原論」の効用についての、ごく自然なものに思われた解釈が、この証拠の一つになっていた。つまり、想像的直観により、空間図形や平面図形についての公理の正しさがみとめられる。あとは、正しい論証により、多くの定理がみちびきだされるが、これは、すべて正しい文である。すなわち、想像的直観と、正しい論証をすすめて行く力とが、実在を認識する能力である。一方、現実に紙の上にえがかれた図形などをみ、場合によっては測定をおこなっても、図形の性質は知られるが、その結果は必ずしも正確なものではない。たとえば測定値には、個人差がある。また、きわめて複雑な図形になれば、その中に書きこまれている線や角の関係などを、肉眼でみてとることはむずかしい。かなり精密な製図器具をつかって書かれた図形でも、線がいりくんでいると、みただけでは、図形の性質についての判断がゆれて結論がくだせないことがある。しかし、幾何学での論証は、このような図形がその近似になっているはずの、想像的直観の対象になる図形について明確な結論をくだす。これを手びきにすれば、紙の上に書かれた図形についても、一義的な結論をくだすことができるように思われる。つまり、手で図形をえがき、それを肉眼でみ、また、器具をつかって種々の測定をする、ということは、現象を認識するはたらきで、いつも正しい結果をえるとはかぎらないものである。

大体、このような考え方が、エウクレイデスの「原論」の効用にもとづく、二世界説の弁護のすじみちであった。

しかし、この弁護には、弱点があることがわかってきた。第一に、想像的直観によっては、その正しさが決定できないような文で、しかも、定理とはなりにくいもの、つまり、正しいことが自明な公理からは論証も反証もできないもの、があることがわかった。第二に、実在はただ一つのもののはずなのに、ユークリッド幾何学の公理論によってあらわされる構造は、無数にある。そのうちのどれが実在なのか、をきめる手だてがない。第三に、実在に対して現象が近似の関係にあるというが、この近似が一義的にはきまってこない。紙の上に書かれた一つの図形は、座標変換をしたり、座標にもとづく距離の定義を変えたりすれば、正方形に近似しているともいえ、矩形に近似しているともいえ、円に近似しているともいえるのである。第四に、物理学などでは、現象の世界の空間図形はユークリッド空間とは別種の空間のなかの図形（の方に近似しているもの）である、などという説がでてきている。そうなれば、そもそもユークリッド幾何学そのものが、実在をあらわしているといいにくくなるのではなかろうか。

このようなことが明かになってきた以上、二世界説は、そのままのかたちでは、維持しにくいもののように思われる。そこで、現象の方に重きをおく考え方、つまり、実在についての話は、現象を説明するための便利なフィクションにすぎないのであって、現象の認識こそが、確実な知識の基礎を手にいれるための唯一の方法であるとする、経験主義的な考え方が、対比的に、浮び上ってくるのである。

経験主義でいう現象の世界というのは、前章でいった具体的なものの世界にほぼあたるといってよいと思われる。ところが、このような世界とはどのようなものか、ということも、ことばにたよっているかぎり、確定することができない。たとえば、五感だけを、現象を認識するための唯一の通路とみとめるとしても、その結果えられた知識の内容をのべた話、つまり、感覚所与についての話は、多義的な解釈を許す話になってしまう。これは、知覚心理学の成果が、論理的な整理により、一つの数学的構造についての話になることからも明かなことである。あるいは、物体の世界を現象ということにしても、この現象についての話は時間と空間の概念をつかうことだけからいっても、きわめて多義的な解釈を許すものになってしまう。心の状態やその変化の方をもっとも具体的な現象と考える立場もあるが、この立場からの話についても、同様な事情がつきまとう。

要するに、経験主義者もまた、そのもっとも重視する現象とは何かということを、ことばによって規定することができないという困難におちいるのである。

以上は、前章までにのべたことの、ごくあらましの復習である。

二　経験

このような状況に我慢のならない経験主義者は、何とかことばをつくして、現象を適確に表現しようと努力する。

たとえば、「感覚所与」といった概念がむしろ抽象的なものをさしていることを、多くの経験主義者は承認する。日常生活で人々が知覚の結果をすなおにいいあらわそうとすれば、時刻や空間の位置をさすことば、物体の名前をさすことば、数をさすことば、などをつかって文をつくろうとする方が自然である。たとえば、「今、眼の前の机の上に、三つの赤い果物がみえる」といったいい方の方が、すなおないい方である。この表現から、「今」という、時間に関する表現や、「眼の前」、「机の上」といった、空間的な位置に関する表現、「三つ」という、数に関する表現、「果物」という、物体をさす表現、を全部おいだしてしまって、ただ「赤い」とか「まるい」とかいったことばだけをつかってものをいったとしたら、むしろ知覚の内容をすなおに表現したことにはならないであろう。さらに、「赤い」といったことばさえ、抽象的な面を持っているのだから、感覚所与そのものをさす表現をもとめるとしたら、それは、ふだんつかわれていることばの中には、みつからないことになる。

「感覚所与」という概念が、こういうわけで、むしろ、日常生活での知覚内容からはかけはなれているという意味できわめて抽象的なものであることをみとめる経験主義者は、ふだん、人々が日常生活の場面でつかっていることばを惜しみなくつかって現象を叙述しようとする。

さて、「果物」とだけいえば、さまざまのものが考えられるが、「蜜柑」といえば、一つの種類に限定される。さらに、その産地をのべ、大きさをいい、色つやにふれ、味のことまでいえば、話は、いよいよ具体的になる。

このようにして、ことばを大量に動員すれば、話の具体性を強めることができる場合もある。だから、経験主義者の中には、ことばのこの効用を信じ、くわしい叙述を重ねることにより、現象を一義的に表現しようとつとめる人もある。このような人は、たとえば、経験が、五感を通ずるものにはかぎらないこと、いわゆる内的経験といわれるものにも、外界の経験におとらず、現実感が強烈なものがあること、むしろ多くの場合、現象の経験は、内外の二面に同時にむかう面をそなえていること、などを指摘する。たとえば、まったく無心に風景に見入っているということは少く、外界の知覚は多くの場合同時に内心のさまざまな情感の起伏をともなうし、また、暗夜にひとりめざめてものを思う時でも、外界に投影される心像が忙しく去来することもある。抽象的なもの、超越的なもの、空想的なもの、についてあれこれと思いめぐらすこともまた、このような経験とともに、あるいは孤立して、生ずる、現象の中のできごとである。

こうして、くわしく、また多方面にわたって、現象を、忠実に描写していくこと、そこに哲学の最も重要な任務があると考える経験主義者もいる。近頃は、このような経験主義が流行している。「経験」ということばが、この、広い意味での現象をさすのにもちいられることもある。

たしかに、このような経験主義者の提出する描写の中には、興味深いものがある。特に、ふつうは異常な心理の持主で常人にはその経験は理解しがたいと思われていた人々の経験する世界が、案外、常人の経験の世界に、接続可能な面を持っていることがわかったのは、このような描写への努力のおかげであるといってよいであろう。

それにもかかわらず、この経験主義もまた、弱点を持っていないとはいえないと思われる。すなわち、第一に、描写をいかに多方面にひろげ、かつくわしくしたとしても、その話に首尾一貫性があるかぎり、その話は、これを一つの数学的構造についての話として整理することができ、したがって多義的な解釈を許すということである。つまり、この描写は、具体的な世界を一義的には決定できない。この点については、後でもう少しくわしくのべるが、ここでは、とりあえず、わかりやすい実例をひいておこう。

感情の起伏ほど、みとおしのきかないものはないとは、よくいわれることであり、したがって、それについてのべることは、科学よりも、むしろ文学の任務だ、と従来は考えられていた。たしかに、感情についての話は、理論化よりもくわしい描写に重点をおいた方が成功するようにみえる。しかし、実は、この描写を整理してそこから一つの数学的な構造をとりだすことは必ずしもむずかしいことではなく、この構造を利用して、「感情の動き」とでもいうべきプログラムを作成し、これをコンピューターにかけることもできる。こうして、カウンセラーの役割をつとめるコンピューターや、臨床心理学の学生の実習用に、情緒不安定な患者の代用をつとめるコンピューターも登場しているのである。このようなコンピューターの内部にある「感情の起伏」は、人間の経験する感情の起伏と同じものではないといいたい人も多いであろう。しかし、そういう人は、それだけ、感情についての話が、表現の対象を一義的に指示はしていないことをみとめなくてはならないであろう。

第二に、単なる描写に終始しているかぎりでは、文の正しさを問題にすることができないことである。もちろん、つじつまのあわない話では、文のどれかがまちがっているとはいえる。しかし、つじつまのあう話をしているかぎりでは、どんな文でも、それが現象を描写しているのだと、当人にいいはられれば、正しい文だとみとめなくてはならないことになりかねない。当今は、自分の経験の描写と称するものを持ち出して、「現象は、正にこのようなものだ」といいはる哲学者が、方々に出ている。しかし、このようないい分に対しては、その経験を共有する、つまり、その描写と形式を共有することばで自分の経験が描写できる人間以外のものには、「君にとってはそうなのか」というより、挨拶のしようがないことになるであろう。

三　神秘主義

以上のような弱点をみとめた上で、なお、「経験」ということばに固執する経験主義者の中には、つぎのようにいうものもある。

「どんなにことばを重ねても、多義性を脱することができないのは、明かである。また、描写を提出しあうだけでは、正しい文とそうではないものとの区別ができないこともみとめよう。

しかし、ことばをつくした描写によって自分がはたそうとしている目的は、まがいものではない、ほんものの現象の世界を暗示しようとすることである。話をきいてくれる人がそれをうまくつかみとった時に、その人にも正しい認識がえられるのである」

このいい方は、実は、一種の二世界説をとなえていることに他ならない。「現象」とよばれているものが、いつか、実在の役割を演じていて、ことばによる叙述が示す多種多様な構造が、現象になっている。この複数の現象のなかから、「ほんものの現象」とよばれる実在をえらびとる能力が人間にあることを、この二世界説は前提している。ただし、ことばは、その能力をよびおこすための有効な手段には、必ずしもなりえないことも、みとめているのである。

ことばが実在を適確には表現しえないことをみとめながら、ことばを重ねつくすことにより、また時には、饒舌と対比的な沈黙を提示することにより、唯一の実在についての真相を感得させようとする人のことを、「神秘主義者」という。経験主義者は、元来、神秘主義者に敵対的なものと考えられているが、現代の経験主義者には、右のような道すじをへて、神秘主義者になりおおせているものも、少からずいるように思われる。

四　描写

二世界論者が持ち出す、実在についての話にしても、経験論者が持ち出す、現象についての話にしても、必ず多義的なものになってしまい、一義的に、表現の対象を指示することができない。これは、偶然のことではないと思われる。

ことばのはたらきの第一義は、たしかに、ものごとについてのべること、つまり、描写することである。しかし、同時に、その描写には、一定の型がある。

伝統的論理学では、すべての文の中で、もっとも基本的なものは定言文であると考えた。あとの文は、定言文から、否定、連言、選言、仮言、全称、の操作によってできるものばかりであると考えていたのである。

述語論理学では、述語と個物変項とをつかってあらわされる

a_1、a_2、……a_nのあいだにPという関係が成立する

という形式の文を基本的な文と考える。

集合論までいくと、この関係を外延的な関係ととるかぎり、述語論理学の文もすべて、集合論の叙述文としてとらえるようにする工夫ができる。その上で、より広範囲の文をつくることができるようになるのである。

さて、ここに、一つのことがらを描写した文章があったとしよう。この文章を構成して

いる文は、次の二種類にわかれる。

一種類は、他の文から論証によってみちびきだされているもの。

もう一種類は、論証ぬきで、そのまま、事実をのべているものとして提出されているもの。

後者を、その文章の「公理」といい、前者を「定理」という。

たとえば、文学に出てくる風景描写、心理描写には、ふつうは論証は登場しない。こういう文章は、公理だけからなる文だといってよいであろう。

もっとも、探偵小説などになれば、推理をのべたくだりになると、論証が出てくる。しかし、これは、正しい論証とはかぎらない。後になってその推理がまちがっていたことが暴露される場面が出てくることもあるからである。こういう文章は、探偵の推理の内容と状況との関係を描写した文章であって、作者が別に論証をおこなっている文章ではないこともある。その意味では、むしろ、探偵の推理の描写は、公理をつらねたものだととった方がよいかも知れない。

学問の文章に登場する論証の多くは、著者が、正しい論証であることを意図して提出しているものである。不幸にしてまちがっている場合でも、たやすく修正がきくもの、つまり、同じ前提から同じ結論が出る正しい論証に書きかえがきくもの、の場合には、この書きかえがすんだものとして、この種の文章は、読まれることが多い。そのような修正が簡単にきかない場合には、少くともその論証に関係してくる部分では、この文章は、無意味なことをのべたものになる。

そうして、公理や定理になっている文がみな、集合論の叙述文のかたちに書き直せる場合には、また、正しい論証が、集合論の正しい論証の形式にあてはまるものばかりである場合には、その文章は、公理論のかたちに整理することができ、また、そのあらわしているものは、一つの数学的構造であるとみることができる。そうして、一つの公理論のあらわす数学的構造は、つねに、複数存在する。これは、モデル理論の教えるところである。

さて、経験的にたしかめられているところによれば、数学はもちろん、多くの学問でつかわれている文章は、このような整理をうけることができるものである。また、ほかの場面で登場する、描写文も、少くとも大部分は、このような整理をうけて、公理論になるものであるといってよい。これは、描写の対象が、物質的なことがらであるとか、精神的なことがらであるとか、あるいは、空想的なことがらであるとか、いったことには、関係のないことである。

たとえば、夢の描写を考えてみよう。夢の筋というものは、とりとめのないものであり、これについての描写が、数学の理論での文章と同じ形式のものになるとは考えられないという人がいるかも知れない。たとえば夢の中では、自分が他人になったり、自分をもう一人の自分がみていたり、二人の人間が同一人物になったかと思えば、三人の人間にわかれたり、ポストが人間になったり、犬が話をしたり、いろいろと奇妙なことがおこる。また、夢の中でおこなわれる推理は、しばしば飛躍をふくみ、矛盾を許す、混乱したものである。どうしてこれが、正しい論証によって公理と定理とがむすばれている公理論になるのか、と疑問に思う人もいるであろう。

たしかに、目がさめている時の経験を描写する時の文章の中でと、まったく同じ意味に「人間」や「ポスト」や「犬」ということばをつかうかぎり、夢についての記述は、矛盾をはらんだものである。しかし、「人間」「ポスト」「犬」ということばを個物変項でおきかえ、「なる」「わかれる」「話をする」ということばを、単に、特定の関係をあらわすことばだと考えて、夢の記述を、集合論の叙述文に見立てれば、多くの場合、矛盾はなくなる。もし矛盾があれば、さらにこれを、それぞれ矛盾のない部分にわけることができる。また、夢の中の論証は、その夢の描写における論証ではない。「そのような、論証がおこなわれた」ということが、描写の一部分になっているだけのことである。そうして、そういう論証の描写をふくんだからといって、描写自体が矛盾や飛躍をふくむものになるわけではない。

夢や、精神病者の意識、文学的な幻想、宗教的な体験、といったものの描写は、ふつうは、数学とは何の縁もないものと考えられがちであるが、実はこのような整理をへて、数学的構造、あるいはその組合せ、についての公理論に書きかえることができるものと思われる。ただし、その公理論は、おそらく公理の方が圧倒的に多いものであり、また、その公理から定理を演繹しても、たとえば夢の進行を予測するのに役立つかどうかは、わからないから、そのままでは、数学者の興味をよばないであろう。夢の進行は、いわば、ユークリッド空間の話がミンコウスキ空間の話に移行し、つぎに一つのリーマン空間の話に移行するというようなかたちで起ることもあると思われる。つまり、「点」とか「直線」とかいったことばの意味が、このような移行においては、変化するのであるが、似たようなことが、夢においても生ずるかも知れない。しかし、一応完結した夢、あるいは一つながりの夢から切りだした部分、の話は、公理論のかたちに整理できるであろう。

そうして、夢、その他の、正常人がさめている時体験することからはかなりかけはなれているものについての描写をふまえて、たとえば夢についての理論を構成する段になれば、これは、論証をともなった、ふつうの公理論になる。そうして、その理論を提出したものは、その公理から演繹される定理は、すべてこれを一応受けいれる用意があるものとみなされるのである。もし、みとめたくない定理が証明されたら、理論を訂正しなくてはならない。

こうして、たとえば夢についての理論もまた数学的な構造についてのべているものとみなすことができるのである。

五　論争点

すべての描写を、右のような手続きで、公理論、あるいは、公理論の組合せ、とみなすことができるだろうか。この問に対しては、否定的に答える哲学者もいる。

たとえば、「必ず」とか、「かも知れない」とか、「たまたま」とか、「ありえない」とかいったことば、いわゆる、様相に関係したことば、をふくむ文は、集合論の叙述文には書きかえられないとする哲学者がいる。あるいは、「と思う」「と信ずる」「とのぞむ」といったことばの登場する文、つまり、間接引用文などの中には、このような書きかえを許さないものがあると論ずる哲学者もいる。人がものを知るはたらきに関連した文章の中にも、このような書きかえを許さないものがあると説く哲学者もいる。

また、これに反対して、描写はすべて、この書きかえができるとする哲学者、あるいは、このような書きかえができた時始めて描写の意味が明確になるのだ、とする哲学者もいる。

つまり、さきの問は、一つの論争点に関するものである。この本では、この論争にたちいることはやめ、以下では、とにかく、公理論ないし公理論の組合せに書きかえのきく描写だけを「描写」とよぶことにして話をすすめて行く。論争のなりゆきによっては、ふつう描写として通用しているものの中に、以下でいう「描写」にははいらないものも出てくるかも知れない。しかし、このせまい意味での「描写」にしても、かなり広範囲の描写をカバーするのである。

まず、多くの学問の理論における文章は、様相に関することばをつかわないで書かれている。あるいは、そのかたちに書きかえることができる。知識に関する文や、間接引用文でも、なにがしかの工夫により、集合論の叙述文と見立てることができるものが、意外に多いのである。だから、「描写」の意味をこのようにさだめることは、実質的には、議論の内容を、ほとんど制限することには、ならないと思う。

六　正しさ

こういうわけで、実在の描写も、現象の描写も、結局は、複数の数学的構造についてのべているものであるから、表現の対象を一義的に指示することはできない。

素朴に考えると、描写の正しさは、その唯一の表現対象と一致するかどうかによってきめられるように思われるが、この考え方はそのままでは採用できないのである。

では、描写の正しさは、何によってきまるであろうか。夢の描写の例でのように、描写の対象が一回で完結している事象である場合には、その正しさは、その事象に接した当人だけに決定できることである。もっとも、描写につじつまのあわないところがあれば、それが正しくないということは、他人にもわかる。しかし、夢とか、めざめている時でも、つぎつぎと新しい事象を知覚して行くだけの体験、たとえば船旅で景色をながめている時の体験の描写は、公理だけのつながりのようなものであって、つじつまがあわないということはあまりないだろう。たとえば、「遠くに、するどくとがった塔があった。近寄ってみたら、それは、山の頂だった」などという描写は、一見、矛盾をはらんでいるようだが、くわしくいえば、遠くからは塔とみえたものが、近くからは山の頂とみえたというだけのことで、ほんとうの矛盾はない。

しかし、哲学でいわれる現象や実在は、このように、一回での体験で、それとの接触が完了するものではない。この場合はどうなのだろうか。

現象や実在についての一般論には、論証がともなうのがふつうである。したがって、矛盾をはらむ可能性がある。矛盾があれば、この一般論は、どこかがまちがっているということになる。一般に、論証を本質的にふくむ描写においては、論証は正しいものでなくてはならないし、公理は、矛盾をはらむものであってはならない。これは、描写が正しいものであるための、必要条件である。

想像的直観などにより、実在についての公理の正しさが把握できるとする立場の弱点がここにある。なぜなら、公理の組合せから矛盾が生ずるかどうか、事前には、わからないことが多いからである。直観的に正しいと思われた公理の組合せから矛盾が生じた場合は、これまでに、何度か経験されている。

現象についての公理論の場合、公理の正しさは、必ずしも絶対的なものとはされない。むしろ、多くの正しい定理を生み出し、今までのところ、現象にあわない定理がそれから論証されたことのない文に、公理の位置が与えられることも多いのである。したがって、現象についての公理は、しばしば、「仮説」といわれる。その正しさは、いわば、暫定的な正しさだからである。仮説がすてられても、それから論証された定理の方は、依然、正しいものとして保存されることも多い。

しかし、この、仮説の位置にたつ文にも、二通りの種類がある。たとえば、肉眼でみられたことをもとにして物体の世界についてのべた、論証をふくむ描写を考えてみよう。その中に、みえた物体に関する記述が登場すれば、その物体のかたちについてものべてあるのがふつうである。そのかたちについての記述が、ほかの記述のための前提となることもある。たとえば、「眼の前に、犬のかたちをしたものがいた」ということが、論証の前提になるかも知れない。ところが、後になって、「実は、犬とみえたのは猫だった」ということになるかも知れない。そうなれば、さきの文は、公理としての地位からしりぞくことになる。しかし、「物体にはかたちがある」という前提は、どのような視覚的な経験が起きようと、終始一貫、維持されるであろう。そうして、視覚的な経験を重ねて物体の世界について知識を増すということの中には、みえた物体のかたちを決定して行くということもふくまれている。

すなわち、ある特定の現象についての公理論の公理の中には、二つの種類がある。その一つは、現象との接触の経過がどう進行しようとも、つねに維持されるものである。これは、たとえば、「すべての物体にはかたちがある」とするものである。この公理は、くわしく書けば、

物体の全体からなる集合をB、空間図形全体からなる集合をZとすれば、BからZの中への一意写像Kがある

というかたちに表現できよう。この公理から、今、一つの物体をbとすれば、

bに対して、Kによってきまる Zの元が一意に存在する

すなわち、

bには一つのかたちがある

が出てくる。

さて、bのかたちが何かということは、視覚的な経験によってきめられる場合が多いだろう。この経験にもとづいてかたちをきめるという操作は、論証ではないから、たとえば、

bのかたちは立方体である

ということが、経験によってきめられたら、この文は、公理の地位にたつわけである。しかし、この文と、ほかの公理とを組合せる文とから演繹された文で、後になってからの経験にもとづいてたてられた文と矛盾する時には、この文は撤回されるかも知れない。ここ

で注意しておかなくてはならないのは、

　bのかたちは立方体である

ということは、いくら視覚的な経験によってきめられたことであっても、

　立方体のようなものがみえる

ということではないことである。みえたことに関する文は、ふつうは、後で経験されたことによってはくつがえされない。しかし、みえたことにもとづいて、しかじかだと主張されたことは、くつがえされることがある。

　その晩幽霊のようなものがみえた

ということは、

　翌朝、その場所にいってみたら、枯尾花が風にそよいでいるだけだった

ということによっても、くつがえされはしない。くつがえされるのは、

　その晩、そこに幽霊がいた

ということだけである。

とにかく、特定の物体のかたちが何であるかを具体的にのべた文は、後の経験によって、否定される可能性がある。しかし、「物体にはかたちがある」という文の方は否定されない。

もう少し一般化していえば、公理には、その公理論によってあらわされる数学的構造の

一般的な性格についてのべている部分と、この一般的な性格のもとで、数学的な構造の細部を、具体的に決定している部分とがある。

物体が存在する

物体にはかたちがある

と主張する文が前者であり、存在する物体を数えあげてそれに名をつけ、

しかじかの物体が存在する

物体これこれのかたちは、しかじかである

とのべている文などは後者の例になる。そうして、後者は、経験にもとづいて知られて行き、しかも、時には、後の経験によって否定されることもあるものである。以下では、このうち前者を、「法則」と呼び、後者は、場合によっては「仮説」、場合によっては、「データ」と呼ぶことにしよう。

七　現象

「現象」ということばは、もともと、二世界説との関連でつかっていたことばであるが、ここでその意味をあらため、「法則、仮説またはデータとの二種類の公理を持つ公理論によって表現される、数学的構造」このことばでさすことにしよう。

右にのべた例からもわかるように、五感に直接もとづいてその存在や状態が決定される物体の世界は、この意味での現象の一例である。

物理学で、たとえば質点系の力学をつかってものごとを記述する時の、このものごとなども、この現象の例になる。この場合、法則には、「質点の加速度と質量の積すなわち、質点にはたらく力は、位置と速度と時刻とのある関数である」ということがふくまれている。この関数を具体的にきめること、たとえば万有引力をあらわす関数であるときめることは、仮説を設定することにあたるであろう。物理学での仮説の設定の手続きは、五感に直接の基礎をおく物体の世界の場合ほど簡単ではない。しかし、物理学における現象の記述において、ここでいう意味の、根本法則と仮説との区別があることは、いつも、みとめられることであるといえると思われる。

複数の人間が、共同で、一つの現象の解明にとりくむ場合、根本法則によってその現象の一般的性格が決定されていることは、共同の了解事項の中に入る。ただし、この一般的な性格を持つ数学的構造がどのようなものであるかについては、各人の了解の異同があってもかまわないのである。たとえば、「物体にはすべてかたちがある」ということ、つまり、物体（と、くわしくは、あわせて時刻と）を一つきめれば、これに応じて、そのかたちと呼ばれる、ユークリッド空間における図形が一つきまることについて、了解が一致したとしても、そのユークリッド空間として各人各様に、ばらばらのものを考えていて、一向にさしつかえない。

仮説については、あらそいがありうる。刑事裁判などで、殺人事件の犯人としてどの人間を指名すべきかについて、検事側と被告側とがあらそうのなどは、その一例である。自然科学の世界でも、仮説の当否をめぐって、はげしい論争がおこなわれることがある。

このような論争には、意見の一致に達するためのアルゴリズムがある場合もあり、そうではない場合もある。

共同で現象の解明にあたり、論争はあまり起らない場合でも、また、一個人で現象をしらべている場合でも、仮説の設定やデータの検定は、一挙には、おこなわれない場合が多い。たとえば、質点系の力学を適用して現象をしらべている場合でも、質点の質量や加速度についてある程度データがたまらなければ、力をあらわす関数のかたちについて仮説のたてようがないであろう。つまり、現象とは、その全体は、一挙には把握されず、徐々にその姿をあらわすものである。そうして、それについての仮説やデータには、交代、変化がありうるものである。

八　実在

感覚所与を、その個別性に完全に忠実に表現することばはない。しかし、物体に関することばを自由に借用することにすれば、感覚所与の変化の過程を、かなりの程度まで記述することはできるであろう。

このようにして記述される感覚所与の世界の一般的な性格についての法則をたてることはできる。たとえば、視覚や聴覚でとらえられる世界の一般的な性格は、知覚心理学によって記述されている。

この一般的性格があてはまるものとして、特定の個人の感覚所与の変化の経過の記述においては、当然、この公理は前提されている。たとえば、視覚の場合、色がついてものがみえることは、一般的性格といってよいであろう。ただし、この場合は、「白」や「黒」や「透明」も、色の名前にかぞえるとしての話である。さて、感覚所与の変化において、どのような色がつぎつぎとあらわれたかということについての報告の文は、法則の制約下にあるものであるが、法則から論証されるものではない。つまり、さきほどの分類でいえば、仮説ないしデータの地位にあるものだが、この仮説ないしデータは、一般にあとの経験によって否定されることがないのは、幽霊と枯尾花の例のところでものべたとおりである。

この特殊な場合も、現象についての記述に数えることとしよう。

各個人の感覚所与の変化についての記述をめぐっては、原理的に、あらそいが生じえない。なぜなら、それぞれの感覚所与の実状については、当人が最終的な権威であることを、おたがいが承認しているからである。「桃色の象をみた」というアルコール中毒の人に、そうではない人が、「そんな馬鹿なものがみえるわけがない」といいはっても、ほんとうの論争にはならないであろう。

さて、感覚所与の世界と、物体の世界とは、それぞれ現象であるが、この二つの現象のあいだには、関連がつけられるのがふつうである。たとえば、赤く四角く手ざわりのなめらかなものが感覚された時、これを、「机の上におかれているビニール装の本の表紙である」と、判断したとすれば、二つの現象のあいだに、関連をつけたことになる。この関連の記述も、公理論となり、これには、法則と仮説と論証と定理とがふくまれる。

「錯覚」ということばは、この公理論での仮説が後になってとりけされる過程をさすのにつかわれることが多い。つまり、「くねくねうねっているものがみえ、蛇だと思ったが、実は縄だった」というような場合である。

そうして、感覚所与には、原理的に、これに対応する、物体の世界の中の事象が必ずあるというように、この関連を考えることが多いが、逆もまた成立するとは、ふつうは考えない。たとえば頭の後にある物体はみえない、つまり、これに対応する感覚所与はない。あるいは、遠方の天体は、だれの眼にもみえない。

そこで、感覚所与は、各人にとって、物体の世界の一部分を「あらわしている」ものだ、といういい方がなされることがある。そうして、感覚所与は、さきの関連を利用して、物体の世界のことをうかがう手がかりにはなるが、この関連の仮説にあやまりが生じうる以上、この手がかりは絶対的なものではないとされる。物体の世界について大局的なことが知りたければ、複数の人間が、それぞれの感覚所与の経過についての報告をもちより、また、自発的に、感覚所与を変化させる操作（実験）をおこない、その結果を整理した上、これを、物体の世界の「あらわれ」と解釈し、この解釈にもとづいて物体の世界についての仮説を構成しなくてはならない。

このようなことを考慮にいれると、相対的な意味で、二世界説を復興することができるように思われてくる。すなわち、たとえば感覚所与の世界を二世界説の意味で「現象」、物体の世界を「実在」と呼ぶことが可能であることに気づくのである。

日常生活の経験の記述に登場する物体の世界を現象とみる二世界説もありうる。古典物理学は、このような現象に対応する実在をもとめて発展させられた学問であるといえるであろう。たとえば、惑星の運動の物体の世界での記述に、質点系の力学の世界での記述を対応させるのが、ニュートン的な天文学のやり方である。

このようにして、相対的な考え方としてなら、二世界説を生かすことができる。しかし、ここに、注意しなくてはならないことがいくつかある。

一つは、一つの相対的な局面で実在とされるものが、他の局面では現象となるのであるから、一つの実在を絶対化することはできないということである。

もう一つは、現象と実在との関連に関してまちがいが生じうる場合には、現象を手がかりとして実在の全体を決定的に知ることができないのはもちろんであるが、逆に、実在の方から現象のすべてを推しはかることもできないことがありうるということである。たとえば、特定の個人の身体の状況や、そのまわりの物体の状態を知ることは、その個人の感覚の状態を推定するたすけにはなりうる。しかし、その推定は絶対のものではありえない。

さらにもう一つは、一つの現象に対応する実在がただ一つとはかぎらないことである。天体の運動の例でいえば、現象に対する実在としては、プトレマイオス天文学の公理論によって表現される構造、ニュートン的な天文学の公理論によって表現される構造、相対性理論的な天文学の公理論によって表現される構造、など、種々のものが、実在としての役割を演ずることができる。しかも、それぞれの天文学は、法則を共有し、仮説がことなる種々の変種にわかれる。これらの実在の優劣は、現象だけからは、一義的に決定されないことが、しばしばあるのである。たとえば、相対性理論的天文学の正しさの証拠としてよく引用される、水星の近日点移動、は、ニュートン的な天文学によって説明することも不可能ではない。

そうして、最後に、現象は、実在に対する意味では、近似といってもよいかも知れないが、それ自体としてこれを不完全なものとみなければならない理由はないことである。感覚所与の世界も、物体の世界も、それぞれの完結性を持っている。だから、それぞれに応じた公理論があり、それぞれがそれぞれの公理論によって表現される数学的構造としてとらえられるのである。特に、感覚所与の世界の数学的構造は、必ずしも、物体の世界の数学的構造より簡単だとはかぎらない。心理学者の中には、視覚の世界の空間は、やや複雑なリーマン空間だととなえる人もある。そうして、物体の世界の空間は、ながいこと、ユークリッド空間だとみられてきた。ユークリッド空間は、リーマン空間の中ではもっとも構造が簡単なものである。

九　形而上学

「形而上学」ということばは、さまざまの意味でもちいられることばであるが、特に、唯一の実在があるとする二世界説の立場では、この実在についての学問が、「形而上学」と呼ばれる。この立場においては、現象についての学問よりも形而上学の方が重んぜられることが多い。しかし、経験主義のように二世界説に対して批判的な立場では、このような学問は実は無内容なものだということになる。つまり、現象とは別に実在があるということを、経験主義は否定するからである。そこで、経験主義の立場では、「それは形而上学だ」といういい方は、相手の主張に内容がないときめつける時のいい方になる。つまり、「形而上学」ということばは、しばしば、悪口になるのである。

絶対的な二世界説には、たしかに前にのべたような弱点がある。この立場からの形而上学というものは、ひっきょう、幻の学問に終るであろう。

しかし、相対的な二世界説は、可能である。そうして、相対的な意味での現象に関する公理論を「現象論」、相対的な意味での実在に関する公理論、および、両者の関係に関する公理論を「形而上学」と呼んで区別することはできよう。このようにこのことばを生かして、公理論の相対的な区別をすることは、時には、有用なことでもある。昔の形而上学者と呼ばれていた人の意図の中にも、このような相対的な区別によって、現代的に生かせる部分もあると考えられる。

また、法則と仮説やデータとをそなえている公理論においては、法則に関連する叙述の部分だけを、「その公理論の形而上学」と呼ぶこともできよう。これは、仮説やデータの交代にかかわらず、終始変らない部分だからである。つまり、この部分によって表現されている数学的構造は、その公理論によってあらわされる一連の現象のすべてに共通な性格をあらわしているからである。「形而上学」ということばは、このような、多くの現象に共通する構造を研究する学問に対して与えられた名前でもあった。

この意味で、たとえば古典力学によって表現される現象についての形而上学、古典電磁学によって表現される現象についての形而上学、相対性理論によって表現される現象の形而上学、量子力学によって表現される現象の形而上学、といったものを考えることができる。こういった形而上学が、明確な公理論のかたちに編成されて提示されるようになったのは、そう古いことではない。量子力学についていえば一九三〇年前後以降であり、古典物理学や相対性理論についてはもっとおそく一九五〇年代以降であるといってよいであろう。しかし、とにかく、このような編成がおこなわれたおかげで、いわゆる「自然の形而上学」に非常にすっきりしたかたちがあたえられるようになったと考えている人も、少くないものと思われる。

似た意味で精神の形而上学といったものを考えれば、これは自然の形而上学よりも前から、かなり研究されていたもののようにも思われる。たとえば、十七世紀から十八世紀におけるイギリスの経験論者、大陸の合理論者は、認識に重きをおいて、精神のはたらきについての一般的な理論を構成しようとしていた。その成果の中には、多少の整理により、公理論にしたてることのできるものがあるように思われる。現代の心理学における公理論的方法といわれるものは、より自覚的に、精神についての形而上学を提出しようとするものであるといってよいであろう。

このほか、どの学問においても、この第二の意味での、形而上学があると思われる。この形而上学は、仮説やデータの交代にかかわらず、変化しない部分であるということが重要である。昔から、ア・プリオリな認識とア・ポステリオリな認識との区別のことが論ぜられてきたが、この区別を与える基準についての話は、必ずしも透明なものではなかった。

しかし、描写からここでいう意味の形而上学をとりだすはたらきを前者、仮説やデータの追加、交代と、公理からの論証とをおこなって行くはたらきを後者、とすれば、この区別をもうけた人の意図を生かしながら、基準を明確にすることができるのではないかと思われる。

十 拡大

どの分野においても、描写は、追加され、また修正されて行く。これが、知識の拡大といわれているものの一つの側面である。すなわち、仮説やデータの追加と交代によって、この、知識の拡大は、あらわされる。

たとえば、風景をながめ、人々と語り、その他、未知の土地でさまざまな経験を重ねながら、旅をつづけて行く人の旅日記は、描写の増大によって、知識の拡大をあらわしているであろう。

しかし、相対的な二世界説での意味で、現象論から形而上学に移行することが、知識の拡大とされることもある。すなわち、前にものべたように、現象の各部分には、実在の一部が対応するが、実在には現象に対応しない部分もあり、それだけ、実在の方が、現象より広くなっていることが多いからである。日常生活での経験的な知識の集成からの自然科学への移行は、この意味での知識の拡大とみなすことができるであろう。

そうして、自然科学にうつった場合でも、仮説やデータの追加、交代のためにとられる手続きは、一般化していえば、移行する前の手続きとはちがっていない。すなわち、物体をあつかいながら、感覚所与の変化を知り、その記録にもとづいて、仮説やデータを追加し、また、交代させて行くということである。しかし、具体的にいえば、移行以前には、考えつきもしなかった操作をおこなうようになる。たとえば、さまざまの精密な計測器具を設計し、製作し、それをもちいて測定をし、すなわち、一定条件下における感覚所与の変化を追跡し、これを記録する。これは、自然科学に移行する前には、おこなわれなかったことである場合が多いであろう。つまり、移行によって始めてえられるようになるデータがきわめて多い。また、このデータを記述することばは、移行より前の時のことばとは、ちがったものになりうる。前なら、ただ、「暖かい」「冷たい」ということばをつかってデータをのべたにすぎないような状況でも、温度に関係したことばで、データを記録するようになるであろう。これは、前節での第二の意味での形而上学が変化したからであるといってよいであろう。

つまり、自然の形而上学の交代によっても知識の拡大がもたらされるのであるが、この拡大された知識の大半は、究極的には、感覚所与にも、もとづく面を持っているものである。X線写真は、自然科学がなければとられるようにはならなかったものであろう。しかし、それはみられて、あるいはコンピューターによる読影と分析の結果が読まれて、始めて、データを人間にあたえる。データには、つねに感覚所与が対応しなくてはならない。これが、「自然の形而上学の経験的性格」ともいうべきものである。

これに対して、数学の場合には、現象論も形而上学も、ともに、直接には、感覚所与には関係しない。つまり、公理に、仮説やデータにあたるものがない。公理はすべて、法則である。したがって、「法則」ということばはつかわずに、端的に、「公理」とだけいうのである。

たとえば、初等自然数論を現象論、実数論を形而上学、とする、形而上学への移行を考えてみよう。初等自然数論の表現する初等的構造における基礎集合の元、すなわち、0、1、2、……の自然数には、実数論によって表現される数学的構造の基礎集合の元の一部が一対一に対応させられる。この対応をつかって、自然数についての算法や、関係が、実数についての算法や関係に対応させられる。こうして、いわば、自然数は、実数の一部とみなされる。自然数論は、実数論に吸収されるのである。

さて、自然数ではない実数についての定理が、自然数論の中ではえられないことは当然のことであるが、実数論によって始めて証明される、自然数についての定理もある。これが、解析的整数論の存在理由である。

こうして、数学においても、形而上学への移行は、現象論の表現対象になっている構造についての知識でありながら、現象論ではえられなかったものを与えるという意味で、知識の拡大をもたらすのである。

経験主義者の中には、現象論からはなれることが、空疎な一般論をもたらすだけであると考え、相対的な意味においてさえ、形而上学を否定しようとする傾向の人もいる。しかし、この考え方が必ずしも適切なものではないことは、以上のべたことからもわかるであろう。

形而上学をつくろうとする要求は、動物としての人間の特色であるとしばしばいわれてきた。そのことをみとめた哲学者の中にも、これがむなしい要求であるかのようなもののいい方をした人もいたのだが、むしろ、これは、実のある要求だったというべきであろう。

十一　価値観

形而上学をたてるということと、知識の公共性の確立ということとの関係はどのようなものであろうか。

「蒟蒻問答」の例は、一面からいえば、コミュニケイションの成立という事態によっても、共通の内容がつたわりあうことは保証できないということを示しているようであるが、反面からいえば、公共的な知識の成立ということは、同じ公理論によって話をすることができるようになるということにすぎないということを示しているものといえよう。

感覚所与の内容が各人によってちがうということは、味覚や色覚の例から、むしろ、現在では、常識となっている事実である。それにもかかわらず、感覚の問題について語りあうことが、人々のあいだでおこなわれているということは、蒟蒻問答になることを承知の上で対話がおこなわれていることとみえ、一見、パラドクシカルなことである。

しかし、感覚所与についての話の法則は、おたがいのあいだで一致していて、データや仮説がちがうのであると考えれば、このことは、了解のつくことである。たとえば、食物には、通常、「砂をかむような味」をふくめて、何かしらの味があるということは、人々が一致してみとめていることである。しかし、個々の食物に帰せられるべき味については、判断のちがいがあり、むしろ人々はそれを当然のこととしている。この点に関しては、話が一致することをしいて求めず、むしろ、各人の味覚のちがいについての話を楽しむのである。

味覚の話においては、「甘い」「辛い」「苦い」「酸っぱい」などという性質についてのことばの他に、「おいしい」「まずい」といった、価値判断に関係することばも登場する。「大福は甘い」ということで意見の一致する二人の人間も、さて大福はおいしいかという点では、意見がわかれるかも知れない。つまり片一方が上戸で、他方が下戸だったような場合である。しかし、双方とも、「おいしい」「まずい」という価値判断が、「甘い」「辛い」といった味の性質についての判断と関連しあってくるという意味では、感覚についての語り方を共有している。だからまた、おたがいの価値判断について報告を交換しあうことができるのである。

また、人によっては、食通になることを志して、自らの味覚の改造をこころみる人もある。たとえば、上等なものとされている料理だけをせっせとたべて、通がおいしいという食物だけがおいしい人間になろうとする人がいる。これは、実は、自分にとってまずい食物をふやして行くことで、果して得策なことかどうかわからないという人もいるが、とにかく、この食通修行において、「進歩」がどのようなものだったかをふりかえってみることができるのも、過去の味覚と現在の味覚とをくらべてみるためのことばを持っているからのことであろう。

現在は、複数の価値観が共存している時代である。つまり、人によって価値観がちがうことをみとめ、しいてその統一をもとめないことが、政治や経済制度の、前提になっている時代である。しかし、そういった、価値観のちがう人々が、共存し、話しあいによってあらそいを解決することをのぞむならば、共通のことばを持たなくてはならない。つまり、価値観のちがいがその中で表現できるようなものが、味覚の場合と同様、存在していなければならない。いわば、価値観の異同について語るための形而上学、ちぢめていえば、価値の形而上学が必要なのである。

「善」「悪」「自由」「平等」「公正」「物質的幸福」「精神的な快・不快」といったことばは、この形而上学の基礎的な概念となるべきものとして昔からつかわれてきたものである。また、経済学者は、「効用」という概念をつかって、この形而上学の一部を整備しようとつとめてきた。

つまり、価値の形而上学をつくろうとする努力は、かなり古くからおこなわれてきたのであるが、それにもかかわらず、この方面では、十分な成果があがってきたとは、いいにくいのではなかろうか。つまり、たとえば、平等と自由との関係をどうとらえるかという点についても、価値論の研究者のあいだで必ずしも一致した結論はえられていない。これは一面では、価値観についてのあらそいのとりさばきが、まだ、武力や謀略によって片づけられることが多いことにもよるのであろう。しかし、話し合いによってすべてのあらそいを決しようという動きが強くなれば、価値の形而上学をはっきりさせることは、緊急の問題になるはずである。

かつてソクラテスが求めたのも、この、価値の形而上学ではなかったかと思われる。近年では、経済学の成果をふまえて行動科学者が、この形而上学の建設をめざして努力をしているようである。

第一章であげておいた、「絶対的な正義はあるか」という問は、種々の意味に解することができるが、その一つとして、「正義」「平等」「自由」などの諸概念のあいだの関係を、価値の形而上学において、一義的に決定できるか、という意味の解釈をとることができる。この問に対しては、にわかに肯定的に答えることはできない。たとえば、自然の形而上学の場合にも、十八世紀などには、「どこまでも小さくなっては行くが、決して零にはならない無限小」などという概念がつかわれていたが、この概念は、結局、ほかの概念と整合的な関係にたてないことがわかり、後にすてられた。「正義」の概念なども、同様にして、やがては価値の形而上学から追放されるのではないか、と予想している行動科学者もいる。もしその予想が正しければ、きわめて根本的な意味で、「絶対の正義があるとはいえない」ということになるであろう。

一方、「正義」ということばが、価値の形而上学の基礎概念として生き残るということも考えられる。そうなれば、他の基礎概念との関係も、ある程度、確定するわけである。しかし、そうなったからといって、個々の行為について、それがどの程度、正義にかなうものであるかの判断は、人によってちがうことがありうる。複数の価値観が共存しているという時代には、むしろ、ちがう方がふつうであるということになるであろう。もし、このような判断においてすべての人が一致するということを、「絶対の正義がある」ということの意味にとるならば、やはり、絶対の正義はないということになるであろう。

以上は主として道徳的な価値判断に関しての話である。美的判断の場合はどうであろうか。意見のちがいに、武力でけりをつけるということは、例外的な場合をのぞけば、あまりおこなわれてはいないようである。しかし、そうかといって、美の形而上学が一義的にきまっているともいえない。むしろ、評論などという分野では、基礎概念の種類もちがえば、その相互関係もてんでにちがう形而上学をひっさげて、それぞれの評論家が、個々の芸術作品についての気焔をあげることが、あたりまえのことになっているようである。そうして、読者はまた、それぞれの好みに応じて、評論家をえらび、その眼と口を借りて芸術作品の話をする。あるいは、むしろ、評論そのものについての好悪をあげつらっている。

こうして、形而上学そのものが、美的な鑑賞の対象となることもあるのである。

十二　公共性

味覚や、風景、芸術作品についての価値判断について人々は個人差を許容し、むしろ、そのちがいについての話を楽しむのであるが、たとえば、物体の世界については、認識の一致の方を求めるのである。

ここで物体の世界というのは、「花」「草」「木」「石」「山」「河」「湖」「海」「犬」「猫」「人」「鳥」「虫」「月」「星」「机」「椅子」「電車」などの普通名詞でさされるものである。

このような物体は、空間の中に位置をしめ、時間によってその位置、かたちが変化する。色、明るさ、かたち、音、香、手ざわり、などのように、五感を通じて知られる性質を持っている。

しかし、その性質は、特定の個人がその物体にふれてえた感覚所与の性質とは、必ずしも一致しない。「ほんとうは赤い」物体を、光の加減で黒くみる人がいるかも知れない。「ほんとうは球である」物体を、ななめからみて、楕円状のひらたいものとみる人がいるかも知れない。一般に、物体のかたちは、みる角度によってちがい、また、手前の方しかみえないものである。それにもかかわらず、物体には、一定の時点には、一定の色があり、かたちがあることになっている。それが何であるかを大体たしかめるための手続きもある。人々は、感覚所与についての体験をもちよって、物体についての公共的な記述を構成するのである。

そこで、物体に関する話の形而上学はもちろん、仮説やデータに関する部分についてまで、物体の世界についての話は、公共的な統一性を持つべきはずのものである。しかし、たとえば水星には、この本を書いている今、足をふみいれた人はいない。したがって、水星の状態についての話は、将来の知見によって打ち破られる可能性の強い仮説の部分をふくまなくてはならない。また、データは、時間のたつにつれてつみ重なって行くのである。

さて、この、物体についての話の公共性もまた、絶対的なものではない。時代により、文化圏により、この話の形而上学的な部分でさえ、大きく変動していることは、歴史学や文化人類学の知見から、明かなことである。たとえば、天上にかがやく月は現代の日本人にとって、物体の一種に他ならない。そうして、夜道を月光に照らされながら歩く人の影は、空間のなかに位置をしめ、ひろがりとかたちを持ち、時間とともに、位置とひろがりとかたちをかえて行くものであるにかかわらず、物体ではない。しかし、古代や中世の人々が、影と物体とを、きびしく区別していたか、また、月を物体の一つであるとしていたか、は、さだかではない。

さらに、時間や空間に関する概念において大きな時代差、地方差があることは、前にのべたとおりである。

物体は、一応、原理的には、肉眼でみたり、手でふれたりする可能性のあるものである。しかし、たとえばデモクリトス以来の原子論でいう原子は、きわめて微細なものであって、五感ではとらえられないはずのものであった。それが無数にあつまったものが、人間の眼にふれる物体となる。このようにして、原子論は、五感でとらええない原子の世界についての形而上学を構築し、この形而上学と、物体についての話、特に、その形而上学とを関連させることにより、物体についての知見をふやそうとするものである。こうして、物体の世界についての話そのものではないが、これに関連させられる話、ここの例でいえば、原子論、のことを、さきに、「自然の形而上学」と呼んだのだった。

だが、この自然の形而上学にしても、時代により、場所によってかわってくる。現代の自然の形而上学は、自然科学であるといえるであろうが、その自然科学自体が、相対的な二世界説の意味での形而上学と現象論との多様な組合せからなりたっていて、しかも、この組合せ方は、必ずしも一義的に決定されているかどうかわからない。自然科学者のあいだでも、この組合せかたについて意見がわかれることがある。たとえば一部の物理学者のことばづかいでは、相対的な二世界説の意味での形而上学のことを「実体論」というが、素粒子論における実体論がどんなものかは、まだなかなか決定されそうにない。

このようなわけで、時代と場所のちがいをこえた普遍性を持つという意味での最も強い公共性は、物体の世界に関する話においても確立することは、望み薄といわなくてはならない。

しかし、相対的な二世界説の意味での現象論と形而上学とがさまざまに組合されて世界観ができていること、この現象論も形而上学も、人間のつかうことばが大幅にかわらないかぎり、数学的構造をあらわしている公理論のかたちにまとめられること、これは、すべての世界観に共通したことであるといってよいであろう。

この意味で、集合論の普遍性は大きい。人間が、感覚所与の世界、心の世界、物体の世界、等についての知見、信念、また、自然や価値の形而上学をまとめようとする時、結局は、集合論のことばによって、表現対象の構造をきめることになる。いわば、集合の世界は、そこから、あらゆることがらが切りだされてくる、無尽蔵の、石材の山のようなものである。しかし、いかなるものを切りだすかをきめるのは、集合論の公理ではない。知見をまとめ、形而上学を建設しようとしている個々の人間、あるいは、人間の集団なのである。

第八章　いくつかの問題

一　一般論と各論

以上のべてきたことは、ほぼ、一般論である。例をあげて話をわかりやすくするため、感覚所与の世界とか、自然の形而上学とかいったものに多少ふれはしたけれども、それがどういうものであるかにはたちいらなかった。また、相対的な意味における二世界説をみとめはしたが、この二世界説の意味での現象論と形而上学との関係の具体的なかたちも、何が現象論で何が形而上学であるかによって大きくかわってくるはずである。しかし、そのちがいにたちいって論ずることはしなかった。

そのかぎりで、以上の話は、中立的であるが、具体的な面に欠けるであろう。しかし、話を具体的にしようとすれば、立場をとらなくてはならない。たとえば、自然の形而上学として、かつておこなわれていた自然学または現代の自然科学、さらには、いまだこころみられたことのない新しいもの、のうちのどれかを採用しなくてはならないだろう。
あるいは、そのようなさまざまの自然の形而上学を、比較検討することによって、話に具体性を持たせることもできる。その際、価値判断をくだそうとするなら、結局はまた、一つの形而上学を選択し、そこに身をおいて価値判断の基準をたてなくてはならないことになるであろう。

このような各論にたちいることは、時に、哲学とは別の学問として一応確立されているもの、たとえば自然科学や思想史の分野をおかすことと思われるかもしれないが、それはさほど気にすべきことではない。哲学をしいて他の学問からきりはなそうとすることは不自然なことであり、むしろ哲学は人間のあらゆる知的活動のなかにひそんでいるものであるといった方がよいであろう。ただし、哲学の一般的な紹介を任務とするこの本では、この各論に手をのばす余裕はないので、二、三の個別的な問題を、以上でのべた一般論との関連を念頭において少しあつかってみるだけで話を終ることにしたいと思う。

二　超越者

第一章で、古くからの哲学の問題の一つとして「神は存在するか」をあげておいた。この問に答えるためには、「神」という概念で何が意味されているかが明かでなくてはならない。もともとこのことばは、日本語の第一義としては、八百万の神々をさし、ついで印度、その他の国からそれについての話が渡ってきた異国の神々をさし、第三義として一神教の絶対者をさすものである。

これらの神は、いずれも、古代人の考えでは、物体の世界の中に存在するものであったようである。古代ギリシャの神々はオリンポス山上に住み、日本の神々は高天原にくらしていた。いずれも身体をそなえ、人間そのほかの動物と交渉する存在であった。人間の方からこれに気ままに接近することはむずかしかったし、たまに地上をおとずれた神を見たという人がいても、その証言はうたがえばうたがえたであろう。しかし、今日の我々も、他の天体に知的な高等生物が住んでいる可能性を否定しないし、それが地球をおとずれて少数の人間と接触したという可能性もむげに否定してはいない。したがって、神を宇宙人のようなものだとすれば、その存在を断定的に否定することはためらう人が多いであろう。

ただし、古代人の神々ないし神には、宇宙人とことなる点もある。それは、古代人における物体の世界の形而上学が、現代人のものとは違っているという点である。ギリシャの神々も、印度の神も、また日本の八百万の神々も、たやすく人間そのほかの生物、あるいは場合によっては無生物にまで、化けることができる。キリスト教の神もまた、キリストという人間に化ける。この「化ける」という概念は、もはや現代人の考える物体の世界の中には場所をもたない概念である。似たようなものとして、化学変化とか、ラジオにおける音波から電波への変換、といったものはある。しかし、たとえば、十字架の上で断末魔の苦しみの中から神の名を呼んで助けを求めるキリストが、実は呼ばれている神そのものである、といった関係の化け方は、現代人の考える物体の世界においては、無生物にも、またいかなる生物にもありえないものとされている。宇宙人がいるとしても、やはりこのような化け方を宇宙人がすることはない、とするのが常識であろう。キリスト教における三位一体の教義がしばしば理解不可能な玄義、あるいはむしろナンセンスと多くの人にとられるのもこのことと関係のあることであろう。

ただし「化ける」という概念はそれ自体では必ずしも矛盾をはらむものではない。たとえば狐と狸が化けくらべをし、狐が狸に化け、狐に化けた狸がさらに娘に化けたという説話を、昔の人はありうることについての話と了解していたようであるし、現代人もまたそれは物体の世界の中ではおこりえないこととは考えながらも、空想の世界の中の出来事としては、了解可能なことがらについて語っているものととっている。この時その娘は同時に狐であり、また狸でもあるのだから、三位一体が生じているわけである。とにかく化ける神というものは、現代的にいえば物体の世界の中には存在しないものである。しかし、「存在する」ということは「物体として存在する」ということに限られるのではない。たとえば「時刻」や「空間の点」や「数」といった概念は、物体の世界の形而上学において欠くことのできない概念であるといってよいであろう。つまり、これらの概念があてはまるものが物体の世界には存在しているのである。しかもこれらは物体ではない。「神」という概念が、このような概念と同じ位置にあるとすれば、神が物体の世界の中に存在する可能性はまだ否定されないわけである。理神論者、汎神論者の中には、この意味での神々の存在を考えている人がいるようである。

歴史時代に入ると、一神教の神には宇宙の創造者としての地位が与えられる。多神教においても、創造神を考えるものがある。この時の「宇宙」がたとえば物体の世界全体を意味するのであれば、もはやこの創造神は物体の世界の中に存在することはできない。「創造」ということばは、ふつうは「鳥が巣をつくる」とか「ビーバーがダムを築く」とか「人間が家をつくる」とかいった場合のように物体の間の関係をあらわしているために、物体の世界の中に存在しないものが、物体の世界を創造する、とはどういうことかは、にわかには了解できないとする人もある。しかし、とにかくこれが、物体の世界と何ものかとの関係をあらわしていることだけは明かである。

物体の世界そのものが他の何ものかと関係すること、自体、は了解不可能なことではない。たとえば、物体の世界の形而上学は、さまざまな自然の形而上学と対応させられる。すなわち、現代においては、物体の世界は、自然科学の表現する数学的構造とある関係を持っているのである。ただし自然科学においては、あるいはそれを哲学的に整理したものにおいては、この数学的構造、および、その物体の世界との関係は、論理的に首尾一貫した公理論のかたちでのべられているのである。創造神と宇宙との関係についても、このように首尾一貫した話をつくりあげることができるかどうか、これが第一の問題である。多くの創造神説話においては、創造は、物体の世界の中の創造と類比的に語られるのであるが、しかも一面、このような類比にたよりすぎて説話を了解してはならない、ということを多くの宗教は強調する。このような場合、神学に首尾一貫性をもたせることがむずかしくなってくるのは、止むをえないことのようにも思われる。

第二に、仮に整然たる神学が構築できたとして、それが神の存在の証明になるであろうか。自然の形而上学としては、さまざまなものが構成可能であり、事実また、古代から現代に至るまで、世界の方々で、さまざまな自然学が提出されてきた。しかし現代人は、自然科学を、自然の形而上学として選んだ。それにはそれなりの歴史的な理由があったと考えられる。神学の構築が、この理由とあいいれるものであるかどうか、疑問に感じている人も少くないようである。

もっとも、形而上学には自然の形而上学のほかに、価値の形而上学、心の形而上学のようなものもある。この方面において、神の概念が、現代人にとっても有効な働きをしていると主張する人もいる。ここでは、神の性格は創造神としてではなく、たとえば最高の善の顕現者として与えられることになるかもしれない。この主張が正しければ、神あるいは神々は一つの意味で存在するといえるかもしれない。ただし、さきほどものべたように、価値の形而上学は、まだ公共的なものとしては成立していないのであるから、この点については判断を保留しておくのが賢明であろう。

神はまた、ことばによる一切の規定を受けない超越者であるとされることもある。この場合には、神が単数であるか、それとも神々というべき複数の存在であるか、さえもいえないことになる。なぜなら、その数をのべることは、すでにことばによる限定をこれに与えることになるからである。とすれば、それが存在するかしないか、さえもいえないことになるはずである。「存在する」ということもことばによる規定をこれに与えることになるからである。かようなわけで「超越者としての神は存在するか」という問は、肯定的にも否定的にも答えられない、ナンセンスなことをたずねている問のようにも思われる。しかし、この問に意味を与える方法が一つあるともいえるのである。

たとえばZFS集合論において自然数が、あるいは一般に基数が、定義されている場合を考えよう。この基数は、ZFS集合論の中で存在するとされる集合に対して適用されるものである。たとえば偶数の全体からなる集合に対しては、オメガという数が与えられる。つまり偶数は、オメガ個だけある。また、ZFS集合論においては「存在する」ということは、「集合である」ということと同義である。そこでZFS集合論のモデルにおける「基礎集合」を考えてみよう。これはZFS集合論においては、「宇宙」とよばれる、ものもどき、であって、集合ではない。つまり、ZFS集合論においては、存在しないものである。したがって、もちろんそれに対しては数を適用することはできない。しかしZFS集合論のモデルを論じている時には、あたかもこの基礎集合が少くとも一つ存在するかのように語られるのである。つまり、この基礎集合は、ZFS集合論からみれば超越者であり、それについてこの集合論のことばとしての「存在」を語ることはできないが、それにもかかわらず、もう一つの別の意味で存在しているもの、といえるのである。このことと類比的に、人間のことばによって表現されることがら全体の中での存在、を超越した存在者、というものも一応考えられないものではない。しかし、そのためにはまず人間のことば全体を矛盾のないものに整理できることをみきわめる必要がある。しかしこのことが可能かどうかについては今のところ何とも断言できない。また、ことば全体の中から、その超越者について語る部分は、除外しておかなくてはならない。

集合論の場合には、その集合論の中でその存在を云々することができないモデルについて語るべき、ある必然性がある。集合論のさまざまな公理の独立性の問題を解決するにあたっては、モデルを考えることは、少くともきわめて有効な補助手段の一つとなるのである。

神々の場合についていえば、素朴な段階で、これを物体の一種と考えていた時代から、人々はこれを信仰の対象としてきた。つまり、対話の相手と考えてきたのであろう。物体の世界についての考え方が変化し、「化ける」という概念が意味を失い、さらに、自然の形而上学が自然科学にしぼられて行けば、神のいる場所はだんだんなくなって行く。ついに、超越者という、わけのわからない存在にすれば、かえって神秘的な感じもふえていいということになったのではなかろうか。

歴史的経緯はともかく、今日、かなりの人々が、超越者に対する信仰を持っていることは確かなようである。その人々にとって、「超越者の存在」ということばには、意味があるのであろう。

さきに、形而上学も、美的な鑑賞の対象となるといったが、このように、価値判断をふくむ精神のはたらきが、具体的な事物のみならず、抽象的な理論にまでおよぶのが、人間という動物の特色である。あまり正体のはっきりしない超越者が信仰の対象となるのも、不思議なことではない。

しかし、そのような信仰がはたして有意義なものかどうかについては、また価値判断はわかれよう。一神教徒のいくつかの教団が、侵略をあおり、今日の国際不安の一因をなす事情を長年にわたってつくり出してきたことは、歴史の教えるところである。

三 物心二元論

物質と精神との関係は、近世哲学の主要テーマの一つであった。これはデカルトが、物体と精神とを、質を異にする物体としてきびしく区別した上で、両者が人間において密接に関係しあっていることを認めたことに由来する問題である、といわれている。現代においては、自然科学の基本概念の中に、意識や精神に言及したものが全くないこと、しかも日常生活においては、心身の相互関係について語られることが多いこと、そうして人間の身体は自然科学において物体とみなされていること、などから、この問題が生ずるとされている。すなわち、心身関係とは、精神と、物体の一部である身体との間の因果関係である。またこの因果関係を通して、精神は身体の環境をかたちづくっているさまざまな物体とも交渉する。このようなことが何故可能であろうか、ということを問題にする人がいるのである。こういう人の意見によれば、「自然科学的な因果関係は物体相互の間にのみ成立するものであるのに、これを精神と物体との間に考えるのは、無意味なことではないか」ということになるのである。

ここでいう物体は、自然科学の意味での物体である。前に問題にした、「五感でとらえられる物体の世界」の物体ではない。なぜなら、日常世界の物体は、感覚所与の原因として考えられるものであり、この意味で感覚所与を通して、心と因果関係をもっていることが、この物体の概念の中にふくまれているのがふつうだからである。また「自然科学」という場合には、主として物理学や化学に統合される自然科学をさしているのであろう。生物学などにおいては、意識に言及する理論が構成されることもあるからである。また物理学においても、観測の理論の場合は、「主観」という、多少とも意識と関連のある概念を使用することがあるが、このような部分は、自然科学からはずされているものと了解すべきであろう。

このようにことばの意味を限定すれば、自然科学の基本概念の中に、心ないし精神に関係したことがらを指示するものがないということは、事実であろう。だからまた心身関係が、自然科学内部での因果関係ではありえないことも明白である。しかしこの事は、「自然科学の表現する数学的構造と、心に関する話の表現する数学的構造との間に、対応関係を考えることは不可能である」ということを意味するのではない。両者についての表現が論理的に整理されれば、むしろ両者の間の対応関係を設定することは、たやすくなる。またそのような関係としては、種々様々のものが可能である。

ユークリッド幾何学の例を思い出してみよう。この幾何学の表現することが、想像的直観によってとらえられる図形の関係であると考えられていた時代には、当然、幾何学の表現の対象は、二つないし三つの実数の組の集合とは別のものであると考えられていたであろう。にもかかわらず、当時の人々も、座標の導入によって両者の間に対応をつける解析幾何学の構成に対して別に異議はとなえなかったようである。

あるいは、自動制御理論とある種の経済学の理論とが、形式を共有している面があることも、よく知られていることである。この共通面を利用すれば、経済現象と、ある種の機械の働きとの間に関連をつけることができよう。だからといって経済学と自動制御理論とを互いに独立な、自己完結的な理論として、展開していくことが不可能になるわけではない。経済現象の間の因果関係、機械現象の間の因果関係、経済現象と機械現象との間の対応関係は、それぞれ別種の関係である。

心身関係といわれるものは、自然科学の表現する数学的な構造と、心についての話が表現する数学的構造との間に設定される対応関係の一つであると考えれば、特にパラドクシカルなことはなくなるであろう。ただし心についての話も、自然科学も、時間につれて事態が展開しデータが集積され、また仮説が交代することを前提としているので、この対応関係を一挙に設定しおえることはできない。また、すでに設定しおわった部分についても、後になって訂正がおこなわれることがある。たとえば、食欲の増進という精神的な事象と、空腹という身心的な事象との間の対応関係は、以前は、かなり簡単なもの、つまり空腹になれば食欲が増進し、満腹になれば食欲は消失する、といったたぐいのものである、と考えられていたが、近頃は、そのように単純なものではないことがわかってきた。満腹でも依然として飢餓感をおぼえることがあるし、また空腹でも一向に食欲を感じないこともある。この心身関係においては、胃袋という物体のほかに、神経とよばれる物体の一部も重要な地位を占めていることがわかったのである。

「因果関係」ということばが、この心身関係と、自然科学的な事象の間の関係との両方をさすのに用いられていることは、確かに混乱の原因になるかもしれない。しかし実をいえば「因果関係」の概念は、自然科学の記述においては必ずしも不可欠のものではない、といわれている。微分方程式のかたちで提示されている法則がしばしば「因果律」の名前でよばれているが、この法則においては、いわゆる時間の反転に関する対称性がともなっていて、原因と結果の区別は相対的なものであり、両者は交換可能であることも、多いのである。しかし、たとえば、「精神的な緊張がつづいたために胃をこわした」という時には、精神の状態が原因であり、胃の状態は結果である。また「胃の調子が悪いので気分がすぐれない」という時には、胃の状態が原因であって、精神の状態が結果である。これらの原因、結果は交換可能ではない、とするのがふつうである。このようなことを考えれば、「因果関係」の概念はむしろ心身関係に適用する方が適当であるということになるであろう。こうして心身問題が別に哲学的な困難をはらむものではないことがわかるのである。

もちろん、心身関係の具体的なかたちをくわしくしらべていくことは、おそらくいつまでたっても完結しない重要な課題として残るであろうし、心理学者や生理学者の実証的な研究は、この課題の部分的な解決をもたらす成果をふやしていくことであろう。この意味で心身問題は依然として重要な問題として残るのである。ただし、この問題の哲学的な面は、はじめに予想されていたのよりは、かなり狭いものであるといわなくてはならないであろう。

なおここでいう「心の世界」は各個人が体験し、しかし他人がうかがい知ることができないような、内面的な意識そのものではない。むしろ各人が体験についての記述をもちより、また各人の身体のおかれている状況や、各人の身体の行動に関する主として他人による観察結果の報告をこれに加え、これらにもとづく共同作業によって構成された公理論によって表現される数学的構造であり、この意味で公共的な性格をもっているものである。したがって「心身の因果関係は、意識の状態がその持主にしか知られないため、公共的には論じえない」とする批判は的はずれのものである。

ユークリッド幾何学の場合には、現代では、抽象的なユークリッド空間の構造に研究の重点がおかれる。この構造を共有しているかぎりで、想像的直観によってとらえられる図形の世界（といったものがあるとしてそれ）も、二個ないし三個の実数の組の集合も、むしろ同じものとみなされてしまうことも多い。

心身関係は、必ずしも、このような同一関係をもたらすものではない。自然科学の表現するものを物質、心についての話が表現するものを精神、と呼べば、それは、それぞれ、自律性を持った構造である。

このことを考えれば、いわゆる自由と必然性をめぐってひきおこされることの多い哲学的議論からも、いくつかの混乱をとりのぞくことができると思われるのであるが、今は、この点にはたちいらない。

四　別の次元

第一章では、「来世はあるか」という問題もあげておいた。来世ということを「死後の生」ととるならば、「文字通りの意味では、そんなものはない」というのが正しい答となるであろう。つまり「死」ということが、「生きていない状態への移行」ととられるかぎりにおいて、「死後の生」ということばは、語義矛盾をふくんでいるからである。矛盾をはらんだ表現によって指示される事態は、ありえない。

しかし、問題は、「生きている」ということばで何が意味されるか、である。これは、場合によっては、物体であるところの身体の一つの状態をさしている。もっとも、この状態を、生きていない状態から区別するための規準は、今のところまだ完全に明確なものとはいえないであろう。心臓の鼓動の停止はもはや死の十分な徴候とはみなされなくなったし、脳波の停止の時をもって死の時点とするべきかどうかについても、今のところまだ争いがある。しかし、たとえば肉体の全体の腐敗が進行した状態になれば、物質的な意味でその身体が死んでいることについて、あらそう人はいないであろう。

だが、心身関係によりこの身体に対応させられていた心、についても、生死がいえるかどうか、またいえたとして、その死は身体の死と同時におこるものかどうか、これが問われるのである。もちろん、心の存在をみとめない唯物論の場合にはこの問題は生じない。しかし現代人の多くは物心二元論を奉じているようであるから、そういう人にとってはこの問題は、一応問題として成立しているのである。

心身関係について古来から蓄積されてきたデータによれば、身体の機能がおとろえれば精神の機能もおとろえるのが常である。しかし、逆は必ずしも成立せず、身体のかなりの部分は健全であるのに、精神の活動は停止しているとしか思われない植物人間のような例もある。また身体が完全に死んでしまった人間の心の状態を知るための手段は、残されていないのがふつうである。なぜならその心の状態は確かについさきほどのべたように、共同作業によって構成されるものではあるが、その作業のための欠くべからざる資料であるところの、当人の口頭報告、表情、身振りといったものが一切存在しないからである。したがって身体が生きていることが、心の存在のための必要条件であり、したがって身体の死によって、心もまた消失するというかたちに心身関係の基本法則の一つを定めることが素直なやり方のように思われる。

しかし、世の中には、死者からの通信とよばれる現象がある。くわしくいえば、死者からの通信を受けたと証言する人々が、かなりの人数いるのである。この証言が、信用のおけるものであるかどうかについては、必ずしも肯定的な判断がくだせるとは限らない場合が多い。しかし、今かりに、白昼、正気の人々が多数集合している広場に、誰もが知っている故人の声とそっくりの声がきこえてきて、故人とそっくりの口調でいろいろなことを話し、その中には、故人のみが知りえたと考えられることがらが多数ふくまれていたとしよう。そうしてあらゆる自然科学的な技術をつくしての捜索にもかかわらず、この事件の自然科学的な説明を与える物質的な現象は、一つもみつからなかったとしよう。しかもこのような事件が一再ならず頻々としておこったとしよう。これはきわめて空想的な状況であり、おそらく生ずることはないと思われるが、しかし絶対に生じないとはいいきれないことである。もし仮に、このような状況が生じたとしたならば、人々はこの事件をどう解釈するであろうか。「自分達は揃って気が狂ったのだ」と自己診断をくだすことも一つの可能性である。あるいは「自然科学的な事実において、人類をしのいでいる宇宙人が、その高等な自然科学的技術を用いて人類をからかっているんだ」と考えるようになるかもしれない。しかし一つの可能性としては、「故人の心が、その肉体の死の後も存在していて通信を送ってきた」ととるようになることも考えられる。宇宙人がいくらさがしてもみつからず、またあらゆる精神病理学的なテストによっても大多数の人間が意識の正常さを失っていないという結果がでている場合には、むしろこの解釈は自然なものであるまいか。

この解釈をとる場合には、「肉体の死の後の精神の存在」という意味での、来世の存在が、肯定されることになる。いうまでもなく、これは空想的な事件がおこったと仮定した上での話である。現在のところ、「このような意味で来世の存在を肯定しなくてはならないような事情は、何一つおこっていない」と考える人々が大多数であろう。しかし同時に、「このような空想的な事件がおこる可能性は絶対にない」とするべき根拠も、今のところ、みあたらないように思われる。この意味で来世の存在にはごくかすかな可能性があるといってよいであろう。

何年かの周期をおいて、いわゆる超現象に人々の関心が集まることがある。この超現象は、日常生活の中で構成されている公共的な物体の世界で生ずる現象である、とされている。したがって、それが本当に生じているのか、それとも目撃者の錯覚によるものであるか、あるいは証言者と称する人間がうそをいいふらしてあるようにみせかけている現象なのか、を検証する公共的な手段が与えられているはずのものである。そうして、この検証にたえて実際に生じたことがわかったのでなければ、この現象は、ここでいう意味での超現象とはならない。しかもそれだけでは十分でなく、これが物体の世界と自然科学の世界の対応関係からもれており、いかに工夫をこらしても、従来おこなわれてきた手続きの組合《くみあわ》せによっては、この対応関係に引き入れることが不可能であるということがわかってはじめて、この現象は「超現象」とよばれるに値するのである。

現在はたしてこの意味での超現象が実際に生じているかどうかについては、軽はずみに断言することは危険であろう。またたとえば、電磁現象は、かつては当時の自然科学者のなかに超現象だと考えた人がいるかも知れないものであるが、現在ではこれが自然科学によって説明のつく現象であることを否定するものは少いであろう。このように、自然科学は成長し発展するものであるから、その将来の発展までみこした上で一つの現象を超現象と断定することは、いよいよむずかしくなる。

しかし超現象が生ずる可能性を絶対に否定すべき根拠もみあたらない、といわなくてはならない。物心二元論にとる以上、すでに精神的な現象が、このような超現象の一つであるといってもよい。つまり、それは自然科学的な現象との対応関係に入る部分をもってはいるが、その対応関係によって完全に物質的な現象と同一視されることはない、という意味においてである。ただし、この現象はまた物体の世界の中にも場所をもたないという意味では、さきほどの超現象とは違うものであるが。

とにかく、超現象が生ずれば、物体の世界の解明には自然科学以外のものが必要になるであろう。いわば自然の形而上学には新しく一つの次元が導入されることになるのである。注意しておくべきことは、以上の話では、自然科学の構造が比較的単純であり、それを見渡すことがたやすいものであるかのように話してきたが、事実はそうではないということである。自然科学は、物理学によるその統一にもかかわらず、その表現する数学的な構造は単一のものであるというよりは複数の構造の複雑な組合せであり、また自然科学のおかげで物体の世界の中で発見されるようになった実験的事実の中には、常人の想像をはるかにこえた奇怪なものがきわめて多数ある。自然科学者がいわゆる超現象に関心を持つことが少いのは、それが奇怪であるからではなく、むしろ多くの実験的事実にくらべれば平穏すぎて刺激的ではないからだという人さえあるくらいである。

要するに超現象の問題は、気分的にこれをもてあそぶよりは、「自然科学的な方法とは何か、その限界はどこにあるか」を論ずるという、困難ではあるが興味深い哲学的問題へのきっかけを与えるものととった方が、有効であるように思われる。

五 「自分」

広場で故人の声がきこえてくる、という空想的な事件が仮に生じて、「これは心が肉体の死後も存在することがある証拠だ」とする解釈が一般に受け入れられるようになったとしても、だからといって、すべての人の心が死後も生きつづけるということにはならないであろう。仮に生きつづけるにしても、肉体の死が、よくいわれているように、きわめて異常な断絶をもたらすものであるならば、肉体の死後多くの人々の魂が再会するという可能性は少いものとするべきであろう。また再会したとしても、その社会における規範が、現世のものと似たものであることなどは、期待すべくもないであろう。要するに、死後の世界が、この世の常識ではかられるものだとする考え方は、むしろ死による断絶の意味をきわめて軽く見ている考え方である、ということになろう。

とすれば、「他人がどうであろうと自分の意識が、肉体の死後も生きのこるかどうか、そうして生きのこったとして、どのような来世におもむくかが大問題である」と感ずる人も多いであろう。

一般に、つぎのように主張する人が多いように思われる。

「自分がほろびれば、自分にとっては、世界もすべてほろびてしまうのである。自分をぬきにした世界がどんなものであろうと、それは自分には、何の関係もないことではないか。あるいは、自分というものを、他の存在者一般とひとしなみにおき、他のものとの関連によって、その性質を規定しても、そのことは、自分にとって何の意味も持たないことかも知れない。ほんとうの自分とは、普遍者に関する記述の網ではとらええない、唯一の、本来的な個物であるからである。この問題の解決にあたっては、他人の気づかいや、人間について世の中でいわれているさまざまのことがらは、少しも役に立たないであろう。なぜなら自分と他の存在との間には、いかなる橋もかけ渡すことができない深い断絶があるからである」

このように主張する人達のもののいい方が、おたがいにあまりによく似ているものだから、「自分」という公共的な概念が成立し、その自分と世界との関係をめぐっての、さまざまな哲学的な議論がたたかわされてきたぐらいである。この関係を明かにすることこそ、そうしてまた自分の本性をきわめることこそ、哲学の本来の任務であるとして、哲学を「自覚の学」とよぶ哲学者もいるぐらいである。こういう哲学者は、哲学の本を、単数または複数の一人称代名詞を主語にして書く。「自分が自分の内心を深くまでのぞきこみ、また自分にとっての世界の意味をみすえた上で、その結果を忠実に書きしるしていけば、それが哲学となり、普遍的な価値を獲得する」と信じているかの如くである。

しかしこれは考えてみれば奇妙なことではないか。自分というものが、他人から全く断絶しているとすれば、その自分自身を自分でみつめてその結果を忠実に画けばえがくほど、その話は他人には通じなくなるはずのものではなかろうか。自覚の学が複数の人間にとって共通の意味をもつ学問として成立するということは、このようにして自覚された自分が、実は本当の自分ではない、ということを物語ってはいないだろうか。

「コミュニケイションは、元来蒟蒻問答である。したがってそれをいくら重ねても、自分の意図する内容を相手に伝えることはできない。にもかかわらず、公共的な認識があるかのごとくにして、多くの問題について人々は語りあっている。だから、自分の問題についても、めいめいがひとり合点の話をし、それに自覚の学と名づけて公共性をよそおうのは、別にとがめられるべきことではなかろう」

こう反論する人がいるかもしれないけれども、この反論は成立しえない。確かにコミュニケイションは、すべて蒟蒻問答であるといってよいであろう。しかし、蒟蒻問答においては何ものも伝わらないのではない。身振りなり、ことばなりが交換され、それを通じて一つの形式、つまり一つの公理論が共有されるのである。この公理論が表現するかぎりにおいての、数学的構造が、伝わるのである。しかし、自分とは、その何にもかえがたい重要性を主張する人達にとっては本来このような数学的構造に託されて、他人に伝えられることが絶対にありえないはずのものではなかったか。つまりそれは、一つの超越者であったはずのものである。公共的言語表現を一切拒否するはずのものである。だからこれについての話を、蒟蒻問答の舞台にのせることには、本来意味がないはずのものである。

一般に、「超越者についての学問」ということばは、「学問」というものが、複数の人間のあいだの公共性を前提にして成立するはずのものであるならば、語義矛盾である。この章の、二のところでのべたように、超越者とはそれへの志向を語ることができるにすぎないものであろう。あるいは、一つの言語を対象にする一段レベルの上の言語の中で、その対象言語との関係で、相対的な意味での超越者について語ることはできよう。しかし、それは、ほんとうの超越者、特に、他の何ものとも断絶している自分、ではありえないであろう。

ここでこの本は終るが、この本では、一人称代名詞を主語とする文は、本来的な意味では登場していない。つまり、この本は、超越者であるところの自分の存在には、コミットしていないのである。

文庫版あとがき

しばらく前に書いた本がまた日の目を見ることになった。そのしばらくの間にはいろいろなことがおきた。また予想に反しておこらなかったこともある。

たとえば、探査機が多数飛ばされ、もろもろの惑星の様子がかなり、くわしくわかるようになったのは、おきたことの中でも、興味深いことに数えられよう。しかし、月より遠い星への有人宇宙旅行の方は、実現していない。これは、人々の関心をよびながら、おきなかったことにはいる。

この本では、論理学の成果をひきあいに出しながら、哲学の問題について論じようとしているが、このような論じ方に関心を持つ哲学者の数の増加は、おきたことの方にはいるのか、それともおきなかった方にはいるのか。にわかに答をあたえることはむつかしいが、復刊を機に、このような論じ方に興味を持つ一般の方々がふえて下さればうれしいと思う。

今おなじような本を書くとすれば、書き方は少しちがったのだろうが、読み返してみて、このままのかたちでもまだ通用するのではないかと思えたので、字句のちいさなあやまりを訂正したほかには、手を加えなかった。

この本の復刊を書肆にすすめて下さった飯田隆さん、野家啓一さん、校正でお世話になった、筑摩書房の平野洋子さんにお礼を申し上げる。飯田さんは、行きとどいた解説まで書いて下さり、恐縮している。

二〇一六年十二月

吉田夏彦

解説　論理を知らないでは哲学はできないことについて

私の知人の言葉に「論理を知らないで哲学をやろうとするのは、フランス語を知らないでフランス文学をやろうとするようなものだ」というのがある。これは名言ではないかと私は思う。フランス語を知っているということが、第一義的には、フランス語が使えるということであって、フランス語についての理論的知識をもっていることではないように、哲学をするために必要なことは、まずは、論理が使えるということであって、論理学の知識をもっているということではない。

ところで、私の知人にこう口走らせるきっかけを作ったのは、哲学系のある学会での発表を連続して聞いたことだったと覚えている。この学会は、論理学の専門家も所属する学会で、そこで発表するひとの多くは、それなりに、何らかの議論で、ある主張を支持したり批判したりしようとしていると見受けられる。そうした場所で、こうした言葉が引き出されたということは、皮肉なことである。しかし、他の学会でも、同様の感想を抱くしかないような発表はあるし、そもそもフランス文学がフランス語で書かれていることを知らないといったたぐいのものさえ、ないわけではない。というのは、「論理」と言っても、ひとは必ずしも論理のことを意味しているとは限らないと思い知らされるような場面に出会うこともあるからである。しかし、論理学という学問が存在することは、各人が「論理」で、好き勝手なことを意味してよいわけではないことを教えるはずである。

論理と無縁の哲学といったものがありうるような錯覚は、哲学についての誤解と、論理についての誤解の両方から来るのだろう。哲学は、世界や人生についての広い展望を与えることを目指すというのは、たしかに正しい。しかし、そうした展望は、それを理解する努力を惜しまなければだれにとっても理解可能であり、疑義を出したり、批判したりできる議論に基づいているのでなくては、哲学とはみなされない。哲学のなかには、ひとに大きな感銘を与えたり、視界が一挙に開けるような感覚を味わわせてくれるような言葉もあるかもしれない。そのような言葉の価値を否定する必要はない。ただ、哲学の観点からは、どのような議論が、あるいは、どのような思考の筋道が、そうした言葉を支えているかということを無視することはできない。

他方で、論理を使うというのは、何も特別なことではない。日常の場面でも、理由が問題になるときには決まって論理がはたらいていると考えてよい。何かが、別の何かが正しいとするための本当に良い理由になっているかを考えるとき、ひとは論理を使っている。たとえば、自分の家に帰ってきて、こどもの靴が玄関にあるのを見た私が「靴があるから、出かけていない」と言ったのに、妻が「サンダルで出かけたのかもしれないから、そうとも限らない」と言うとき、立派に論理がはたらいている。私の言ったことの背後には、「出かけるならば、靴を履いて行くだろうし、靴を履いて行くならば、靴は玄関に残らないだろう」という推論と、「だから、靴が玄関にないならば、出かけたのだろう」というもうひとつの推論がある。それに対して、「出かけるときに靴を履くとは限らない、サンダルを履いて行くこともある」と言う妻は、私の推論に対してその反例を出していると言ってよい。

こうした日常の推論を理解することは、むずかしいことではない。しかし、哲学では、一般的な仕方で物事を考えるから、話がいきおい抽象的になりがちである。したがって、そこでは、何が何の理由として挙げられているのかが、すぐにわからなかったり、反例となるような具体的な事例を考え出すことに困難を感じることもあるかもしれない。こうしたとき、推論の正しいパターンというものを知っているならば、それにあてはめてみるということは役に立つし、また、ある結論を出すためにどんな前提を置き、そこからどのように進むべきかについての知識があれば、それも大きな助けになる。先にも言ったように、重要なのは、論理が使えることであって、論理学の知識をもっていることではない。それにもかかわらず、哲学において、論理学の知識が、不可欠ではないにしても、大きな助けになるのは、こうした事情による。

現在の哲学については、論理学の知識が必要となる、さらにもうひとつの理由がある。議論における明晰さの基準を与えるのは、論理学である。よって、論理学の発展に伴って、明晰さの基準も変化してきた。十九世紀の終わりにおける論理学上の大きな変革の結果成立した現代の論理学は、そのテクニカルな外見のために、哲学のなかのごく特殊な分野にしか、かかわりをもたないかのように思われがちである。しかしながら、それはまちがいである。過去百年にわたる哲学のうちの重要な部分、また、現在主に英語圏を中心に国際的な規模で展開されている哲学の大部分は、意識的にせよ、あるいは、無意識的にせよ、現代の論理学を、議論の明晰さの基準に取っている。そう考えるならば、現代の論理学をある程度知っていることが、現在の哲学を理解するのに大きく役に立つことが納得できよう。

本書は、そのタイトル『論理と哲学の世界』が示すように、哲学の現在の営みにおいて、現代の論理学がどのようにはたらいているかを教えてくれる、哲学への入門書である。四十年近く昔に出版されたものでありながら、その内容は少しも古くなっていない。ここでは、現在標準とされている論理的枠組みが過不足なく紹介されているだけでなく、さらに進んで、一方で不完全性定理に至るメタ数学、他方でコウエンの結果や巨大基数に至る集合論といった、「入門書でそこまで?」と思わせる事柄まで扱われている。もちろん、著者も断っているように、標準であるということは、唯一であるということではない。論理学は、哲学的に中立な道具なのではなく、現代の論理学も、いくつかの哲学的前提に基づいている。その前提を問題にしようとすれば問題にできるし、実際、問題にされてきた。しかしながら、現在でも、ここで紹介されている枠組みが標準的なものであることに変わりはないし、何事においても、まずは何が標準であるかを知っていることは大事なことである。

十九世紀以来の論理学の発展に促されて生じた哲学のあり方は、現在では「分析哲学」という名称のもとに包摂されているが、それを単に紹介するのではなく、自身の責任で展開するということが行われ、その成果が一般の読者の眼にも触れるようになったのは、わが国では、一九六〇年代のことである。まず、市井三郎の『哲学的分析』(一九六三年)と沢田允茂の『現代における哲学と論理』(一九六四年)が、「分析」と「論理」というキーワードを印象づけた。さらに、哲学者だけでなく、さまざまな分野の科学者も参加して作られた、全三巻から成る『科学時代の哲学』(一九六四年)は、哲学が孤立した個人による営みではなく、哲学以外の分野の研究者も加わった議論を通じてなされるべき共同作業でありうることを示した。

こうした傾向の哲学は、それが出てきた当時は「哲学ではない」などと言われたりもしたが、一九七〇年代に入ってからも、着々と成果を生み出した。たとえば、現在に至るまで読み継がれている、黒田亘の『経験と言語』(一九七五年)や大森荘蔵の『物と心』(一九七六年)などは、そうした成果の一部である。そして、「入門書」でありながら、著者独自の体系的な哲学が展開されている本書もまた、そうである。本書がカバーする論理の範囲がきわめて広いことを先に述べたが、それがカバーする哲学的問題の範囲の広さにも驚くべきものがある。

分析哲学についてもたれているイメージのなかには、それが、論理や言語といった「専門的な」領域のなかで、ごく特殊な話題を取り上げて、こまごまと論じる種類の活動だというものがある。こうしたイメージは、専門化が進行している現在の分析哲学の状況のなかでは、あたっているところもないわけではない。しかし、他方で、分析哲学が論理や言語といった領域に属する事柄しか取り上げないということは正しくない。「分析哲学」が「哲学」の別名でもありうることは、本書の第一章をみるだけでわかる。そこでは、形而上学と認識論から、倫理や神や美の問題に至るまでが、哲学のさまざまな問題群のなかでどのような位置をもつかが説明されている。そして、広い意味での論理学を紹介したあとで、そうした問題のすべてが論理学の観点から考察されている。論理学への入門でありながら、哲学全般への入門書である本書のような書物は、他に類をみない。

また、いま本書を読み返して改めて強く感じるのは、その文体の新鮮さである。日本語の哲学用語の多くは、明治から大正にかけて作られたのだろうが、哲学の言葉として使うのに不自由しないだけの日本語が作られたのは、一般に考えられているよりもずっと遅く、第二次大戦後、一九六〇年代のことではないかと私は考えている。そして、この日本語を作るのに大きく貢献したのは、本書の著者を含む、先に名前を挙げたひとたちである。私と同じ世代の哲学者は多かれ少なかれ、このひとたちから、文体も含めて、哲学のスタイルを習ったのである。

本書が最初一九七七年に新潮選書の一冊として刊行された際、小松左京氏が推薦の文を寄せている。その最初にはこうある。

十九世紀後半から、二十世紀の前半にかけて、論理学の分野で、主として「数学の基礎」との結びつきにおいて起った発展は、真に驚くべきものがあり、その社会的結果の一端は、コンピューターでもって、「論理」が「演算」できるという形で、すでに私たちは享受しているのだが、一方で、この分野の発展が、少なくとも日本の高等教育を受けた人々の教養と常識にならなかった、という点も驚くべき事である。

四十年後の現在、状況は改善されていると思いたいのは山々だが、ひょっとすると期待されたほどには改善されていないのかもしれない。最初に引いた私の知人の言葉は、こうした危惧に根拠があることを示している。本書の使命はまだまだ終わっていない。

二〇一六年十一月十四日

飯田　隆

本書は一九七七年四月、新潮社より刊行された。

考える力をつける哲学問題集
スティーブン・ロー
中山元 訳

宇宙はどうなっているのか？ 心とは何か？ 遺伝子操作は許されるのか？ 多彩な問いを通し、「哲学する」技術と魅力を堪能できる対話集。

プラグマティズムの帰結
リチャード・ローティ
室井尚ほか訳

真理への到達という認識論的欲求と、その呪縛からの脱却を模索したプラグマティズムの系譜。その戦いを経て、哲学に何ができるのか？ 鋭く迫る！

知性の正しい導き方
ジョン・ロック
下川潔 訳

自分の頭で考えることはなぜ難しく、どうすればその困難を克服できるのか。近代を代表する思想家が、誰にでも実践可能な道筋を具体的に伝授する。

ニーチェを知る事典
渡邊二郎
西尾幹二 編

50人以上の錚々たる執筆者による「読むニーチェ事典」。彼の思想の深淵と多面的世界を様々な角度から描き出す。巻末に読書案内（清水真木）を増補。

概念と歴史がわかる 西洋哲学小事典
生松敬三／木田元／
伊東俊太郎／岩田靖夫編

各分野を代表する大物が解説する、ホンモノかつコンパクトな哲学事典。教養を身につけたい人、議論したい人、レポート執筆時に必携の便利な一冊！

命題コレクション 社会学
作田啓一
井上俊 編

社会学の生命がかよう具体的な内容を、各分野の第一人者が簡潔かつ読んで面白い48の命題の形で提示した、定評ある社会学辞典。（近森高明）

論証のレトリック
浅野楢英

議論に説得力を持たせる術は古代ギリシアの賢人に学べ！ アリストテレスらのレトリック理論をもとに、論証の基本的な型を紹介する。（納富信留）

貨幣論
岩井克人

貨幣とは何か？ おびただしい解答があるこの命題に、『資本論』を批判的に解読することにより最終解答を与えようとするスリリングな論考。

二十一世紀の資本主義論
岩井克人

市場経済にとっての真の危機、それは「ハイパー・インフレーション」である。21世紀の資本主義のゆくえ、市民社会のありかたを問う先鋭的論考。

増補 ソクラテス　岩田靖夫

ソクラテス哲学の核心には「無知の自覚」と倫理的信念に基づく「反駁的対話」がある。その意味と構造を読み解き、西洋哲学の起源に迫る最良の入門書。

英米哲学史講義　一ノ瀬正樹

ロックやヒュームらの経験論は、いかにして功利主義、プラグマティズム、そして現代の正義論や分析哲学へと連なるのか。その歴史的展開を一望する。

規則と意味のパラドックス　飯田隆

言葉が意味をもつとはどういうことか？　言語哲学の難題に第一人者が挑み、切れ味抜群の議論で哲学的に思考することの楽しみへと誘う。

スピノザ『神学政治論』を読む　上野修

聖書の信仰と理性の自由は果たして両立できるか。スピノザはこの難問を、大いなる逆説をもって考え抜いた。『神学政治論』の謎をあざやかに読み解く。

倫理学入門　宇都宮芳明

倫理学こそ哲学の中核をなす学問だ。カント研究の大家が、古代ギリシアから始まるその歩みを三つの潮流に大別し、簡明に解説する。（三重野清顕）

知の構築とその呪縛　大森荘蔵

西欧近代の科学革命を精査することによって、二元論による世界の死物化という近代科学の陥穽を克服する方途を探る。（野家啓一）

物と心　大森荘蔵

対象と表象、物と心との二元論を拒否し、全体としての立ち現われが直にあるとの「立ち現われ一元論」を提起した、大森哲学の神髄たる名著。（青山拓央）

思考と論理　大森荘蔵

人間にとって「考える」とはどういうことか？　日本を代表する哲学者が論理学の基礎と、自分の頭で考える力を完全伝授する珠玉の入門書。（野家啓一）

他者といる技法　奥村隆

マナーや陰口等、他者といる際に用いる様々な技法。そのすばらしさと苦しみの両面を描く。「生きる道具」としての社会学への誘い。（三木那由他）

法の概念〔第3版〕
H・L・A・ハート
長谷部恭男訳

法とは何か。ルールの秩序という観念でこの難問に立ち向かい、法哲学の新たな地平を拓いた名著。批判に応える「後記」を含め、平明な新訳でおくる。

生き方について哲学は何が言えるか
バーナド・ウィリアムズ
森際康友／下川潔訳

倫理学の中心的な諸問題を深い学識と鋭い眼差しで再検討した現代における古典的名著。倫理学はいかに変貌すべきか、新たな方向づけを試みる。

思考の技法
グレアム・ウォーラス
松本剛史訳

知的創造を四段階に分け、危機の時代を打破する真の思考のあり方を究明する。『アイデアのつくり方』の源となった先駆的名著、本邦初訳。（平石耕）

ポパーとウィトゲンシュタインとのあいだで交わされた世上名高い10分間の大激論の謎
デヴィッド・エドモンズ／ジョン・エーディナウ
二木麻里訳

このすれ違いは避けられない運命だった？ 二人の思想の歩み、そして大激論の真相に、ウィーン学団の人間模様やヨーロッパの歴史的背景から迫る。

言語・真理・論理
A・J・エイヤー
吉田夏彦訳

無意味な形而上学を追放し、〈分析的命題〉か〈経験的仮説〉のみを哲学的に有意義な命題として扱おう。初期論理実証主義の代表作。（青山拓央）

大衆の反逆
オルテガ・イ・ガセット
神吉敬三訳

二〇世紀の初頭、《大衆》という現象の出現とその功罪を論じながら、自ら進んで困難に立ち向かう《真の貴族》という概念を対置した警世の書。

啓蒙主義の哲学（上）
エルンスト・カッシーラー
中野好之訳

理性と科学を「人間の最高の力」とみなし近代を準備した啓蒙主義。「浅薄な過去の思想」との従来評価を覆し、再評価を打ち立てた古典的名著。

啓蒙主義の哲学（下）
エルンスト・カッシーラー
中野好之訳

啓蒙主義を貫く思想原理とは何か。自然観、人間観から宗教、国家、芸術まで、その統一的結びつきを鋭い批判的洞察で解明する。（鷲見洋一）

近代世界の公共宗教
ホセ・カサノヴァ
津城寛文訳

一九八〇年代に顕著となった宗教の〈脱私事化〉。五つの事例をもとに近代における宗教の役割と世俗化の意味を再考する。宗教社会学の一大成果。

ちくま学芸文庫

論理《ろんり》と哲学《てつがく》の世界《せかい》

二〇一七年一月十日　第一刷発行
二〇二四年六月五日　第二刷発行

著　者　吉田夏彦（よしだ・なつひこ）
発行者　喜入冬子
発行所　株式会社　筑摩書房
東京都台東区蔵前二―五―三　〒一一一―八七五五
電話番号　〇三―五六八七―二六〇一（代表）
装幀者　安野光雅
印刷所　株式会社精興社
製本所　株式会社積信堂

ISBN978-4-480-09761-3 C0110